Susann Gessner, Philipp Klingler

Politische Bildung: Fachunterricht planen und gestalten

Susann Gessner, Philipp Klingler

Politische Bildung: Fachunterricht planen und gestalten

WOCHEN
SCHAU
POLITIK

Bibliografische Information der Deutschen Nationalbibliothek

Die Deutsche Nationalbibliothek verzeichnet diese Publikation in der Deutschen Nationalbibliografie; detaillierte bibliografische Daten sind im Internet unter http://dnb.d-nb.de abrufbar.

Unter inhaltlicher Mitarbeit von Jette Stockhausen und mit redaktioneller Unterstützung durch Konstantin Korn und Andreas May.

www.wochenschau-verlag.de

Umschlaggestaltung: Ohl Design
Umschlagabbildung: © fotogestoeber – stock.adobe.com
Gedruckt auf chlorfrei gebleichtem Papier
Gesamtherstellung: Wochenschau Verlag
ISBN 978-3-7344-0955-4 (Buch)
E-Book ISBN 978-3-7344-0956-1 (PDF)

Inhalt

Abkürzungsverzeichnis

AFB	Anforderungsbereich
BICS	Basic Interpersonal Communication Skills
BpB	Bundeszentrale für politische Bildung
CALP	Cognitive Academic Language Proficiency
CDU	Christlich Demokratische Union
GPJE	Gesellschaft für Politikdidaktik und politische Jugend- und Erwachsenenbildung
KMK	Kultusministerkonferenz

Einleitung

Fachunterricht zu planen und zu gestalten ist eine komplexe Aufgabe. Sie verlangt eine differenzierte Auseinandersetzung mit den zentralen didaktischen Fragen nach dem *Wozu* (Ziele), dem *Was* (Inhalte) und dem *Wie* (Methoden und Medien) von Unterricht. Zugleich müssen diese Fragen zu den spezifischen (Lern-)Bedingungen der Schüler*innen und den jeweiligen institutionellen Bedingungen (bspw. der Schulform, der Ausstattung und den Lehr- und Bildungsplänen) ins Verhältnis gesetzt werden. Im Planungsprozess geht es also darum, zu einem Passungsverhältnis von Zielen, Inhalten und Methoden/Medien unter je spezifischen Bedingungen zu kommen.

Fachbezeichnung

Aufgrund der in den Bundesländern unterschiedlichen Fachbezeichnungen – z. B. *Politik und Wirtschaft, Politik, Sozialkunde* oder *Sozialwissenschaften* – sprechen wir der Einfachheit halber im Folgenden von Fachunterricht Politische Bildung bzw. von Fachunterricht. Darunter fassen wir alle unterschiedlichen Unterrichtsfachbezeichnungen zusammen.

Für den Fachunterricht Politische Bildung an Schulen kommt als weitere Herausforderung hinzu, dass es sich um ein integratives Unterrichtsfach handelt: Je nach Ausgestaltung in den einzelnen Bundesländern und Schulformen muss das Fach Elemente aus den Bereichen Politik, Wirtschaft und Gesellschaft integrieren. Mit Blick auf die drei dazugehörigen Wissenschaftsdisziplinen müssen Lehrkräfte hohen fachlichen Ansprüchen gerecht werden.

Fachunterricht Politische Bildung lässt sich weder schematisch noch in einer festgelegten logisch-zeitlichen Reihenfolge planen und gestalten. Vielmehr bedarf es kluger und reflektierter Überlegungen, die nicht selten in kreative Prozesse münden, „die einmal von Materialfundstücken, ein anderes Mal von curricularen Kompetenzvorgaben und ein weiteres Mal von der Begeisterung für eine bestimmte Methode ausgehen und von dort wild in alle Richtungen hin- und zurückspringen“ (May 2010: 80). Lehrkräfte müssen also einer Vielzahl von Anforderungen gerecht werden und dabei auf allen Ebenen der Unterrichtsplanung fachwissenschaftliche Sachkompetenz, fachdidaktische Analyse-, Planungs-, Methoden- und Medienkompetenz und eine Sensibilität für die jeweilige Lerngruppe unter Beweis stellen. Im besten Fall führen dies alles zu gelungen Unterrichtseinheiten und -stunden, die denen Schüler*innen etwas lernen und verstehen. Unabdingbar sind die persönliche die Begeisterung für Fach, ein gutes Unterrichtsklima und das Engagement der Lehrperson. Diese Voraussetzungen sind unabdingbar für einen gelingenden Unterricht jenseits aller Planung.

Im Folgenden werden eine Auswahl und Zusammenstellung verschiedener fachdidaktischer Aspekte, die den Fachunterricht aus einer Planungsperspektive in den Blick nehmen, vorgestellt. Die ausgewählten Aspekte sollen angehenden Lehrkräften – z.B. fortgeschrittenen Studierenden im Rahmen des universitären Fachpraktikums/Praxissemesters und Referendar*innen der zweiten Ausbildungsphase – ein Gerüst anbieten, um den unterschiedlichen Anforderungen und Ebenen der Planung und Gestaltung des Fachunterrichts gerecht werden zu können. Es geht um die Frage, wie Planungsüberlegungen mithilfe fachdidaktischer Instrumentarien organisiert und in Unterricht übersetzt werden können. Die Zusammenstellung ist keinesfalls Ersatz für ein gründliches fachwissenschaftliches und fachdidaktisches Studium. Und ersetzt auch die Bereitschaft, sich immer wieder in neue und aktuelle Themen einzuarbeiten und sich auf die verschiedenen Menschen in Klassenräumen einzulassen.

Folgende fachdidaktische Bereiche der Unterrichtsplanung werden dargelegt und erläutert:

Kapitelstruktur

Kapitel 1: Das erste Kapitel führt in grundlegende Fragen politischer Bildung als Fachunterricht an Schulen ein. Dazu werden zunächst relevante Begriffe wie sozialwissenschaftlich orientierter Fachunterricht, politische Bildung und Politikdidaktik geklärt. Ausgehend von dem Ziel, Schüler*innen bei ihrem Mündigwerden zu unterstützen, werden sodann die Kompetenzbereiche politischer Bildung vorgestellt. Kompetenz- und Inhaltsorientierung stehen dabei in einem interdependenten Verweisungszusammenhang. Politischen Inhalten wird man nur dann gerecht, wenn man fachlich versiert mit ihnen umgehen kann. Und Kompetenzen können nur an einem geeigneten Inhalt ausgebildet und qualitativ verbessert werden. Ein weiterer Schwerpunkt des Kapitels ist die Frage, welches Fachverständnis dem Unterricht zugrunde gelegt werden kann und welche Modelle sich anbieten, diese Frage zu klären.

Kapitel 2: Hier werden die unterschiedlichen Planungsebenen in den Blick genommen. Fachunterricht Politische Bildung ist eine dialogische Situation. Daraus folgt, dass das Gegenüber der Lehrperson – die Schüler*innen der Klasse – eine wichtige Rolle spielen. Dieses Verhältnis wird in der *Bedingungsanalyse* mit Bezug auf die Lernausgangslage der Schüler*innen hin reflektiert. Bei der *Sachanalyse* stehen die Unterrichtsinhalte im Vordergrund und die Frage, wie eine sinnvolle Einarbeitung in den Unterrichtsgegenstand erfolgen kann. Fundierte Fachkenntnisse erleichtern die Unterrichtsplanung, denn der Gegenstand kann souveräner in relevante und sinnvolle Unterrichtsthemen- und stunden übersetzt werden. Und das wirkt sich auch auf die Materialien- und Medienauswahl aus, die so spezifischer erfolgen kann.

Kapitel 3: Das dritte Kapitel zeigt an Beispielen die Rolle und Funktion didaktischer Prinzipien für die Planung von Unterricht. Wodurch wird ein Gegenstand(sbereich) eigentlich zu einem Unterrichtsthema? Darüber hinaus geht es um die Phasen des Unterrichts, die Konstruktion von Lernaufgaben, Aspekte zur Leistungsbewertung und Sprachbildung als Querschnittsaufgabe.

Kapitel 4: In diesem Kapitel steht die Frage nach (Unterrichts-)Methoden- und Medien im Vordergrund. Die Methoden- und Medienauswahl ist im Zusammenhang mit dem Thema, den Lernvoraussetzungen der Schüler*innen und den institutionellen Bedingungen zu treffen.

Kapitel 5: Hier wird Planungsschema zur Vorbereitung des Unterrichts vorgestellt. Als schriftliche Darstellung fasst das Planungsskript die wesentlichen Bereiche der Unterrichtsplanung komprimiert zusammen und kann dadurch auch für die alltägliche Unterrichtsvorbereitung genutzt werden.

Jedes Kapitel schließt mit Übungsaufgaben zum Selbststudium.

Nach dem Durcharbeiten können …

- Merkmale und Ziele eines kompetenzorientierten Fachunterrichts *Politische Bildung* benannt und erläutert werden,
- zentrale Spannungsbereiche der Unterrichtsplanung benannt und erläutert werden,
- die im Fachunterricht zu erwerbenden Kompetenzen erläutert und voneinander unterschieden werden,
- die drei Modelle zur Bestimmung des Politischen für den Unterricht erläutert und auf Beispiele angewendet werden,

- die verschiedenen Bereiche der Unterrichtsplanung benannt und erläutert werden,
- didaktische Prinzipien für die Unterrichtsplanung genutzt und in eigene Planungsüberlegungen übersetzt werden,
- geeignete Unterrichtsmethoden und -medien passend zu jeweiligen Lernsituationen auswählt werden,
- sinnvolle Aufgaben für die jeweiligen Phasen und Lernsituationen des Unterrichts erstellt werden,
- Planungsüberlegungen entlang des Planungsschemas (Kap. 5) sinnvoll und begründet strukturiert werden.

1. Fachunterricht Politische Bildung in der Schule

Interdisziplinäres Fachverständnis

Politische Bildung, Politikunterricht, sozialwissenschaftlicher Unterricht, Politikdidaktik, Didaktik der Sozialwissenschaften – im Kontext von Unterricht und Unterrichtsplanung tauchen eine Vielzahl von Begriffen auf. Diese sind nicht immer trennscharf voneinander definiert. Sie werden teilweise synonym oder aber uneinheitlich gebraucht. Aus diesem Grund möchten wir zunächst auf eine begriffliche Klärung hinwirken:

In Deutschland gibt es – je nach Bundesland – verschiedene Unterrichtsfachbezeichnungen für das Fachgebiet ‚Politische Bildung'. Beispielsweise zu nennen sind die Bezeichnungen *Sozialwissenschaften* (Nordrhein-Westfalen), *Sozialkunde* (Bayern) und *Politik und Wirtschaft* (Hessen). Sie weisen darauf hin, dass dem Fach ein interdisziplinäres Fachunterrichtsverständnis zugrunde liegt. Das heißt, die Unterrichtsinhalte bzw. das zu vermittelnde Wissen beziehen sich in fachwissenschaftlicher Hinsicht auf die verschiedenen Disziplinen der Sozialwissenschaften, nämlich: Politikwissenschaft, Soziologie und Wirtschaftswissenschaften (und in Teilen auch der Rechtswissenschaft).

Um Missverständnissen vorzubeugen: Es geht in diesem Unterrichtsfach nicht darum, auf universitärem Niveau in die jeweiligen Wissenschaftsdisziplinen einzuführen oder gar darum, Politikwissenschaftler*innen, Soziolog*innen und Ökonom*innen auszubilden. Vielmehr hat der Fachunterricht Politische Bildung den Anspruch und die Bildungsaufgabe, junge Menschen dazu zu befähigen und zu ermutigen, sich lernend mit der Frage auseinanderzusetzen, wie das Zusammenleben in einer Gesellschaft gestaltet und geregelt werden kann und soll. Das schließt auch die Fähigkeit ein, öffentliche Angelegenheiten (kritisch) beurteilen und am öffentlichen Leben partizipieren zu können. In fachwissenschaftlichen und fachdidaktischen Zusammenhängen wird diese Bildungsaufgabe unter dem Oberbegriff ‚politische Bildung' gefasst (vgl. Sander 2013: 10 f.). Auch die folgenden Ausführungen zur Unterrichtsplanung legen ein integratives Verständnis politischer Bildung zugrunde.

Das Politische der politischen Bildung, repräsentiert durch die Unterrichtsthemen, bezieht sich also nicht allein auf die Politikwissenschaft und das durch sie bereitgestellte Wissen, sondern auch auf Wissen aus der Soziologie und den Wirtschaftswissenschaften.

> Die meisten Themen- und Problemfelder, auf die Lerngegenstände politischer Bildung sich beziehen – wie z.B. Sozialstruktur und Sozialpolitik, Familie und Familienpolitik, Arbeit und Arbeitslosigkeit, Finanz- und Wirtschaftspolitik, Grund- und Menschenrechte, Globalisierung, Friedenspolitik – ließen sich überhaupt nicht einem dieser Fächer eindeutig zuordnen, weil sie sachgerecht nur dann Gegenstand von Lernangeboten sein können, wenn dabei Perspektiven aus mehr als einer dieser Disziplinen zur Geltung kommen. [...] Der fachliche Kern politischer Bildung lässt sich nur mit Konzepten beschreiben, die Perspektiven mehrerer Sozialwissenschaften [...] repräsentieren [...] (ebd.: 60 f.).

Politikdidaktik als Leitdisziplin

Die wissenschaftliche Leitdisziplin politischer Bildung ist die Politikdidaktik (oder auch die Didaktik der Sozialwissenschaften). Sie befasst sich forschend und lehrend mit den unterrichtlichen Lern- und Bildungsfragen. Auch hier ist die Bezeichnung – sowohl an Universitäten als auch in den Bundesländern – unterschiedlich und hängt nicht zuletzt mit jeweiligen Traditionen und Schwerpunktsetzungen der universitären Institute und Unterrichtsfachkultur zusammen. Trotz jeweiliger landes- und schulspezifischer Unterschiede kann festgehalten werden, dass das Unterrichtsfach der politischen Bildung im schulischen Fächersystem die Sozialwissenschaften repräsentiert (vgl. Sander 2013: 131). Ferner kann die Politikdidaktik/Didaktik der Sozialwissenschaften als die praxisbezogene Wissenschaft vom politischen Lernen und Lehren verstanden werden. Im Kontext der Planung von unterrichtlichen Lern- und Bildungsprozessen stellt die Politikdidaktik u.a. „Werkzeuge für die Planung, Realisierung und Reflexion von Lernumgebungen“ (ebd.: 37) bereit.

Die Frage nach gutem Fachunterricht ist verknüpft mit den Bildungs- und Unterrichtszielen und der Frage danach, wie diese erreicht werden können. Aktuell werden Ziele von Unterricht in zu erwerbenden Kompetenzen umgesetzt (Kompetenzorientierung). Für den Fachunterricht Politische Bildung sind das: *politische Urteilsfähigkeit, politische Handlungsfähigkeit und methodische Fähigkeiten* (Kap. 1.4).

Um diese Kompetenzbereiche inhaltlich zu füllen, bedarf es einer Reflexion über das inhaltlich zugrunde gelegte Verständnis des Politischen. Es geht also um die Frage, wie der Gegenstandsbereich politischer Bildung definiert und welcher Politikbegriff bzw. welches Verständnis des Politischen dazu herangezogen werden kann (Kap. 1.5).

1.1 Was ist gute politische Bildung?

Darüber, was guter Fachunterricht ist, lässt sich streiten. Weder in der Politikdidaktik noch in der Unterrichtspraxis gibt es einen breiteren Konsens über die Ziele und Gestaltung von gutem Fachunterricht. Einige Fachdidaktiker*innen haben jüngst – trotz sehr unterschiedlicher theoretischer Hintergründe – so etwas wie einen Minimalkonsens guter politischer Bildung formuliert. Demnach basiert gute politische Bildung

> auf der Mündigkeit des Menschen und fördert die Urteilskraft des demokratischen Souveräns. Sie verbessert die Orientierungsfähigkeit in der sozialen Welt. Sie entwickelt die Urteils- und Kritikfähigkeit gegenüber gesellschaftlichen Phänomenen. Sie befördert die Kompetenzen zur politischen Partizipation und zum bürgerschaftlichen Engagement (Autorengruppe Fachdidaktik 2017: 7).

Wie diese gute politische Bildung jedoch in Unterricht übersetzt und realisiert werden kann, ist nicht eindeutig zu beantworten. Vermutlich kennt jede*r ‚schlechte' politische Bildung in Form von misslungenen, uninteressanten und langweiligen Unterrichtsstunden. Diese Erfahrung machen beide Seiten, sowohl die Lernenden als auch die Lehrenden. Für die Lehrenden stellt sich die Frage, ob und wie eine andere Planung zum Gelingen des Unterrichts beitragen kann:

> Waren die Ziele ungenau bestimmt oder habe ich sie einfach nicht erreicht? Waren die Unterrichtsinhalte relevant und konnten die Schülerinnen und Schüler ihre Vorstellungen einbringen? Waren meine Methoden gut gewählt oder haben sie die inhaltliche Auseinandersetzung erschwert? War die Aufgabenstellung sinnvoll und die Lehrer-Schüler-Interaktion zielführend? (ebd.: 7)

Voraussetzungen für guten Fachunterricht

Um reflektierte Planungsüberlegungen und konkrete Entscheidungen vor dem Hintergrund spezifischer orts- und situationsabhängiger Bedingungen treffen zu können, bedarf es eines fruchtbaren Theorie-Praxis-Austausches. Um angehenden Lehrer*innen zu ermöglichen, ihr Planungshandeln und ihre Unterrichtspraxis zu analysieren und zu reflektieren, gilt es, transparente Kriterien zu formulieren, an denen der eigene Unterricht und das eigene Planungshandeln überprüft und beurteilt werden kann. Neben dem übergeordneten Ziel der politischen Mündigkeit (alternativ auch: gesellschaftliche Mündigkeit) können hierfür folgende Aufgaben ‚guter politischer Bildung als Fachunterricht' bestimmt werden:

Aufgaben des Fachunterrichts

- Interesse am Politischen wecken,
- Lernende mit Instrumenten und Kompetenzen ausstatten, die sie zur selbständigen Analyse und Beurteilung politischer Probleme, Konflikte oder Sachfragen befähigen,
- Handlungskompetenzen vermitteln, die zur politischen Beteiligung genutzt werden können,
- Anlass zur Auseinandersetzung und Identifizierung mit Werten geben, die Grundlagen für ein menschenwürdiges Zusammenleben sind. (Massing 2016: 4)

Reflektieren Sie anhand der vorgestellten Aspekte „guter" und „schlechter" politischer Bildung, was ***Ihnen*** *für Ihren „guten" Fachunterricht besonders wichtig ist.*

....

....

....

....

....

1.2 Unterrichtsplanung und Politikdidaktik

Unterrichtsplanung gehört zu den professionellen Aufgaben von Lehrkräften. Die „Standards für die Lehrerbildung: Bildungswissenschaften" der Kultusministerkonferenz (KMK 2004) bezeichnen Lehrkräfte entsprechend als „Fachleute für das Lehren und Lernen. Ihre Kernaufgabe ist die gezielte und nach wissenschaftlichen Erkenntnissen gestaltete Planung, Organisation und Reflexion von Lehr- und Lernprozessen sowie ihre individuelle Bewertung und systematische Evaluation" (KMK 2004: 3).

Um diese Aufgabe zu erfüllen und Unterricht gestalten, durchführen und reflektieren zu können, benötigen Lehrer*innen ein gutes Konzept bzw. eine gute Unterrichtsplanung. Der Pädagoge Heinrich Roth spricht von der „Kunst der rechten Vorbereitung" (Roth 1976: 119). Für diese existieren jedoch unterschiedliche Herangehensweisen. Gemeinsam ist allen didaktischen Ansätzen zur Unterrichtsplanung, dass sie ein Zusammenhangsmodell von Ziel-, Inhalts- und Methodenentscheidungen für den Unterricht vorlegen. Unterhalb der klassischen Großtheorien der Allgemeinen Didaktik, wie bspw. der bildungstheoretischen Didaktik oder der lehrtheoretischen Didaktik (vgl. Jank/Meyer 2014; vgl. Wiater 2011), lassen sich für die Politikdidaktik drei zentrale Spannungsbereiche der Unterrichtsplanung beschreiben (vgl. Autorengruppe Fachdidaktik 2017: 35 ff.).

Bildungs- und lehr-lernorientierte Didaktik

In der bildungstheoretischen Didaktik (Klafki 1964) wird der Unterricht vom Bildungsgehalt der Inhalte ausgehend bestimmt und entwickelt. Im Mittelpunkt der Unterrichtsplanung steht die didaktische Analyse des Inhalts und deren Bildungswirksamkeit für Schüler*innen (vgl. Frech/Richter 2015: 11).

In der lehr-lerntheoretischen Didaktik werden sechs Konstanten für die Planung und Analyse von Unterricht zugrunde gelegt: Anthropogene und soziokulturelle Voraussetzungen (als Bedingungen der Lernenden) und die Entscheidungsfelder Intentionalität, Thematik, Methodik und Medienwahl. Alle Bereiche stehen in einer Wechselwirkung zueinander (vgl. Frech/Richter 2015: 11).

Spannungsfelder

Lineare versus vernetzte Unterrichtsplanung: Ein klassisches Modell der Unterrichtsplanung besteht aus vier aufeinanderfolgenden Schritten: (a) Auseinandersetzung mit der Sache, also dem fachlichen Gehalt des Lerngegenstands, (b) Frage nach dem pädagogischen Bildungsgehalt des Gegenstandes, (c) Frage nach der Relevanz für die Schüler*innen sowie (d) methodische Umsetzung in der Unterrichtspraxis. Schon früh gab es Einwände gegen eine solche verbindliche Abfolge von Planungsschritten. Denn in der schulischen Alltagspraxis zeigt sich schnell, dass sich die Unterrichtsplanung vielmehr durch ein Hin- und Herspringen zwischen Einfällen, Reflexionen, Recherche, Frustration und Konstruktion auszeichnet. Die Unterrichtsplanung kann ihren Ausgang in einem bestimmten Material oder einer Methode finden, ebenso kann sie aber auch mit der Festlegung eines Themas beginnen (vgl. Autorengruppe 2017: 35 f.).

Gegenstands- versus lernerorientierte Unterrichtsplanung: Die gegenstandsorientierte Unterrichtsplanung geht zunächst einmal von der Sache aus und greift zur Strukturierung der Unterrichtsinhalte auf politikwissenschaftliche Instrumentarien wie den Politikzyklus und die Dimensionen des Politischen zurück (vgl. bspw. Breit/Weißeno 2012). In diesem Ansatz überwiegt ein fachsystematisches, vor allem auf die Politikwissenschaft bezogenes und lehrerzentriertes Planungsvorgehen. Insbesondere die Perspektive der Lernenden erhält nur über die Wahrnehmung der Lehrperson Eingang in die Planung. Die Orientierung an einem eher engen Politikbegriff und das fachsystematische Vorgehen führen häufig zu Unterrichtsplanungsentwürfen, in denen das fragend-entwickelnde Gespräch und ein lehrgangsförmiger Ablauf überwiegen (vgl. Busch 2009: 139).

In deutlichem Gegensatz dazu stehen Planungskonzepte, die sich durch eine stärkere Orientierung an den Lernenden auszeichnen. In lernerorientierten Ansätzen werden Lern- und Sachwege miteinander verknüpft. Diese Ansätze legen Wert darauf, mit den Vorstellungen der Lernenden und deren „Eigenart der Verwicklung [...] mit dem Gegenstand" (Reinhardt 2011: 155) zu arbeiten und die Planung des Unterrichts danach auszurichten (vgl. Autorengruppe Fachdidaktik 2017: 36).

Steuerungsillusion versus Offenheit, Ambivalenz und Kontingenz: Übersetzt man Didaktik mit Lehrkunst, so deutet sich bereits an, dass Unterrichten und Unterrichtsplanung wohl nicht nach mechanisch anwendbaren Regeln erlernt werden können. Jedem Unterrichten sind Grenzen der Planbarkeit gesetzt. Nicht alle Ziele des Fachunterrichts sind unmittelbar überprüfbar und menschliches Verhalten lässt sich nur begrenzt antizipiert steuern. Unterrichtsplanung ist also durch eine ambivalente Struktur gekennzeichnet: Einerseits ist die Unterrichtssituation nicht exakt planbar, andererseits kann nicht unterrichtet werden, wenn nicht geplant wurde (vgl. Autorengruppe Fachdidaktik 2017: 36 f.).

1.3 Bildungs- und Unterrichtsziel: Gesellschaftliche Mündigkeit

Mündigkeit als Bildungsziel

Ausgangspunkt und normatives Ziel von politischer Bildung ist die Mündigkeit der Schüler*innen in ihrer Rolle als Bürger*innen. Diese Orientierung an den Subjekten von Lern- und Bildungsprozessen kann als gemeinsamer Nenner aller politikdidaktischen Konzeptionen und Planungsdidaktiken – bei all ihrer (theoretischen) Heterogenität und Kontroversen im Detail – verstanden werden (vgl. Autorengruppe Fachdidaktik 2017: 8).

Mündigkeit umfasst sowohl Autonomie und Selbstbestimmtheit als auch Eigenverantwortung und Reflexionsfähigkeit. Das Ziel politischer

sen erwerben können. Die Leitfrage dazu lautet: *„Was sollen die Adressaten [Schüler*innen, S. G./P. K.] nach Abschluss dieses Lernvorhabens besser können als vorher und welches Wissen benötigen sie dafür?“* (Sander 2013: 233 f.) Die Anforderungen an einen kompetenzorientierten Unterricht wurden 2004 von der Wissenschaftsgesellschaft der Politikdidaktik und politischen Bildung, der Gesellschaft für Politikdidaktik und politische Jugend- und Erwachsenenbildung (GPJE), in ein Kompetenzmodell übertragen (Abb. 1.1.). Dieses Kompetenzmodell wird in den folgenden Kapiteln vorgestellt.

GPJE-Entwurf herunterladen:

Konzeptuelles Deutungswissen

Politische Urteilsfähigkeit	**Politische Handlungsfähigkeit**
Politische Ereignisse, Probleme und Kontroversen sowie Fragen der wirtschaftlichen und gesellschaftlichen Entwicklung unter Sachaspekten und Wertaspekten analysieren und reflektiert beurteilen können	Meinungen, Überzeugungen und Interessen formulieren, vor anderen angemessen vertreten, Aushandlungsprozesse führen und Kompromisse schließen können

Methodische Fähigkeiten
Sich selbstständig zur aktuellen Politik sowie zu wirtschaftlichen, rechtlichen und gesellschaftlichen Fragen orientieren, fachliche Themen mit unterschiedlichen Methoden bearbeiten und das eigene politische Weiterlernen organisieren können

Abb. 1.1: Anforderungen an einen kompetenzorientierten Unterricht in den Fächern politischer Bildung (GPJE 2004: S. 13)

Reflektieren Sie, welche Chancen und Probleme die Kompetenzorientierung Ihrer Meinung nach für den sozialwissenschaftlichen Unterricht eröffnet.

....

....

....

....

....

1.4.1 Konzeptuelles Deutungswissen

Konzeptuelles Deutungswissen ≠ Faktenwissen

Konzeptuelles Deutungswissen umfasst die „[...] grundlegenden Annahmen [...], Deutungen und Erklärungsmodelle über Politik, Wirtschaft, Gesellschaft und Recht" (GPJE 2004: 14). Es geht dabei nicht um reines Faktenwissen oder lose Wissensbestände, die nicht miteinander in Beziehung gesetzt werden, sondern „um Wissen, das sich auf grundlegende Konzepte für das Verstehen von Politik, Wirtschaft, Gesellschaft und Recht bezieht" (ebd.: 14). Das Deutungswissen dient als Rahmen der drei zentralen Kompetenzdimensionen. Dadurch wird verdeutlicht, dass Wissensbestände nicht additiv neben den Kompetenzen aufgebaut werden, sondern dass sie immer Bestandteil der zu erreichenden Kompetenzen sind. Es geht um Wissen *und* Können bzw. um Können *durch* Wissen.

Schüler*innenvorstellungen

Ausgangspunkt des Fachunterrichts und seiner Planung sind die bei den Schüler*innen vorhandenen Vorstellungen und Wissensbestände. Kompetenzorientierter Unterricht zielt darauf ab, dieses konzeptuelle Deutungswissen aufzugreifen, qualitativ weiterzuentwickeln, indem es verändert oder erweitert wird (vgl. ebd.: 13 f.).

In der wissenschaftlichen Auseinandersetzung fehlt allerdings noch immer ein überzeugendes, ausdifferenziertes und anerkanntes Modell des konzeptuellen Deutungswissens, das diese Forderungen aufnimmt und konkretisiert (vgl. Sander 2010a). In der Praxis führt dies zu unterschiedlichen Vorgaben in den Curricula. Für Lehrer*innen bleibt aber die Aufgabe bestehen, Wissen in ihrem Unterricht nicht als Selbstzweck zu betrachten.

1.4.2 Politische Urteilsfähigkeit

Die Kompetenz, politische, gesellschaftliche und wirtschaftliche Probleme, Ereignisse oder Kontroversen mithilfe von (Fach-)Wissen analysieren, reflektieren und beurteilen zu können, wird als politische Urteilsfähigkeit bezeichnet (vgl. GPJE 2004: 13).

Sach- und Werturteile

Unter einem politischen Urteil lässt sich die wertende Stellungnahme eines Individuums zu politischen Akteur*innen oder Sachverhalten verstehen. Politische Urteilsfähigkeit bzw. die mit ihr in Zusammenhang stehenden Urteile können analytisch nach Sach- und Werturteil unterschieden werden (vgl. Sander 2013: 76; vgl. Detjen 2013: 80): *Sachurteile* treffen Aussagen mit dem Anspruch einer Tatsachenbeschreibung, indem sie Behauptungen, Erklärungen und Feststellungen abbilden. Sachurteile haben analytischen oder auch konstatierenden Charakter. *Werturteile* beurteilen politische Entscheidungen, Situationen und Ereignisse nach normativen bzw. moralischen Maßstäben (vgl. Sander 2013: 76f.). Ergänzend beschreibt Massing, dass zur Begründung eines Urteils die Kategorien *Effizienz* und *Legitimität* herangezogen werden können (vgl. Massing 2016: 6). Effizienz bezieht sich hierbei auf die Leistungsfähigkeit von Politik. Legitimität stützt sich auf Grundwerte, die konstitutionellen Verfahren sowie auf die Anerkennung der Bürger*innen. Beide Aspekte sollen in einem politischen Urteil berücksichtigt werden.

Um im Unterricht die politische Urteilsfähigkeit der Schüler*innen zu fördern, ist es zunächst sinnvoll, die Kompetenzentwicklung in beiden Urteilsformen zu beschreiben und zu bewerten. Der Komplexitätszuwachs von Sachurteilen kann demnach anhand der Unterscheidung von Bedeutsamem und Unbedeutsamem, der strukturierten Zusammenfassung von Sachverhalten, der Begründung basierend auf einer politischen Analyse und der Differenziertheit in der Argumentation bestimmt werden (vgl. GPJE 2004: 15). In Bezug auf Werturteile lässt sich eine Komplexitätszunahme als Erweiterung des Bezugsfeldes verstehen. Ein hoher Grad der Kompetenzentwicklung in der Urteilsbegründung zeigt sich hier in einer zunehmend universalistischen und differenzierten Perspektive (vgl. ebd.: 15f.; vgl. Sander 2013: 77f.). Sach- und Werturteile können zwar analytisch voneinander getrennt werden, in Entscheidungssituationen fließen sie aber meist ineinander (vgl. Sander 2013: 78).

Definition politischer Urteilsfähigkeit

> **Politische Urteilsfähigkeit** ist die „Fähigkeit, kontroverse Wertvorstellungen, individuelle und kollektive Interessen, politische Positionen und gesellschaftstheoretische Konzepte selbstreflexiv und kritisch abzuwägen, um ein persönliches Werturteil und eine orientierungsstiftende, kritikfähige politische Identität zu finden, zu begründen und zu reflektieren." (Autorengruppe Fachdidaktik 2017: 146)

Die Förderung dieser Kompetenzfacette zielt der GPJE zufolge darauf ab, u.a. folgende Fähigkeiten bei Schüler*innen auszuprägen und zu stärken:

- die Bedeutung politischer Entscheidungen für das eigene Leben erkennen;
- komplexe politische Sachverhalte strukturiert wiedergeben und dabei zentrale Aspekte identifizieren;
- politische Phänomene unter verschiedenen Dimensionen betrachten, insbesondere unter dem Aspekt der jeweiligen inhaltlichen Ziele und

Gegenstände (policy: Inhalt), dem Aspekt der institutionellen und rechtlichen Rahmenbedingungen (polity: Form) sowie unter dem Aspekt der Machtverhältnisse und Durchsetzungschancen für unterschiedliche Positionen (politics: Prozess);
- Folgen und Nebenfolgen politischer Entscheidungen reflektieren, also nach möglichen, insbesondere auch unbeabsichtigten Wirkungszusammenhängen zu fragen;
- politische Entscheidungen und Entscheidungsalternativen in ihren Verflechtungen mit sozialen Systemen außerhalb des politischen Systems im engeren Sinn sehen, insbesondere mit dem wirtschaftlichen und gesellschaftlichen Umfeld auf nationaler, europäischer und globaler Ebene;
- aktuelle politische Kontroversen auf mögliche Zusammengänge mit Problemlagen hin analysieren, die aller Voraussicht nach über die Tagesaktualität hinaus von einer mittel- und längerfristigen Bedeutung für politische, ökonomische und gesellschaftliche Entwicklungen sind;
- die Beurteilung konkreter Gegenstände aus Politik, Wirtschaft, Gesellschaft und Recht im Zusammenhang mit grundlegenden Menschen- und Politikbildern, mit Theorien und Modellen des menschlichen Zusammenlebens sehen und die eigenen Vorstellungen hierzu in Auseinandersetzung mit unterschiedlichen Positionen aus Geschichte und Gegenwart des politischen Denkens entwickeln;
- politische Sachverhalte, Probleme und Entscheidungen in Beziehung setzen zu den Grundwerten demokratischer Systeme und kritisch reflektieren;
- die Logiken und Mechanismen medialer Politikinszenierung entschlüsseln.

(GPJE 2004: 16)

1.4.3 Politische Handlungsfähigkeit

Facetten von Handlungsfähigkeit

Im Kompetenzbereich politische Handlungsfähigkeit geht es um die Befähigung zur praktischen politischen und gesellschaftlichen Partizipation und Vertretung persönlicher Interessen und Positionen in der Öffentlichkeit (vgl. GPJE 2004: 17). Politische Handlungsfähigkeit ist in einer demokratischen Gesellschaft mit der politischen Freiheit verknüpft, sodass es den Bürger*innen obliegt, ihre individuellen Rechte wahrzunehmen. Kompetenzen im Bereich der Handlungsfähigkeit sind bspw. Interessenwahrnehmung, Kompromissbereitschaft und Perspektivenwechsel, die sich in folgendem Verhalten zeigen können: eigene Meinungen und Urteile in kontroversen Diskussionen sachlich vertreten, Argumente formulieren und andere überzeugen, politische Diskussionen moderieren oder politische Veranstaltungen organisieren (vgl. GPJE 2004: 17; vgl. Sander 2013: 93).

Kommunikatives und partizipatives Handeln

Politisches Handeln kann differenziert werden in kommunikatives und partizipatives politisches Handeln. Unter kommunikativem Handeln kann man den interpersonalen Austausch über Politik oder auch die Nutzung von Massenmedien verstehen. Unter partizipatives Handeln fällt das konventionelle, parteibezogene, demonstrative und konfrontative Handeln (vgl. Massing 2013: 66 ff.). Um politisches Handeln in seiner Komplexität erfassen und fördern zu können, ist es sinnvoll, verschiedene Facetten dieser Kompetenz, wie artikulieren, argumentieren, verhandeln und entscheiden zu können, zu betrachten (vgl. Massing 2016: 6). Den Kompetenzfacetten *Artikulieren* und *Argumentieren* kommt große Bedeutung für das kommunikative Handeln zu. *Verhandeln* und *Entscheiden* ist bedeutsam für das partizipative politische Handeln. Diese Facetten politischen Handelns bieten auch konkrete Ansatzmöglichkeiten zur Diagnose und Förderung der politischen Handlungsfähigkeit im Unterricht (vgl. Massing 2013: 70 ff.).

Definition politischer Handlungsfähigkeit

Politische Handlungsfähigkeit ist die „Fähigkeit, die eigene Position argumentativ zu vertreten, auf Gegenargumente adäquat einzugehen sowie Konfliktlösungsverfahren einzusetzen und zu reflektieren, die einen begründeten Dissens, Konsens und Kompromiss sowie machtbasierte Mehrheitsentscheidungen ermöglichen. Fähigkeit, zusammen mit Gleichgesinnten, soziale Bewegungen, Bürgerinitiativen oder Parteien an der Durchsetzung eigener Interessen sowie der Beseitigung sozialer Missstände zu arbeiten." (Autorengruppe Fachdidaktik 2017: 147)

Die GPJE listet folgende Fähigkeiten, die bei Schüler*innen die politische Handlungsfähigkeit ermöglichen soll, auf:

- eigene politische Meinungen und Urteile – auch aus einer Minderheitenposition heraus – sachlich und überzeugend vertreten;
- in politischen Kontroversen konfliktfähig sein, aber auch Kompromisse schließen können;
- Beiträge zu politischen, ökonomischen und gesellschaftlichen Fragen für Medien realisieren, vom Leserbrief über die Website bis zu komplexen Medienprodukten;

- sich als Konsument im Hinblick auf eigene ökonomische Entscheidungen reflektiert verhalten;
- sich im Sinne von Perspektivwechseln in die Situationen, Interessen und Denkweisen anderer Menschen versetzen;
- mit kulturellen, sozialen und geschlechtsspezifischen Differenzen reflektiert umgehen, was Toleranz und Offenheit, aber auch kritische Auseinandersetzung einschließen kann;
- eigene berufliche Perspektiven auch vor dem Hintergrund gesamtwirtschaftlicher Entwicklungen planen;
- Möglichkeiten der Interessenwahrnehmung in unterschiedlichen sozialen Zusammenhängen kennen und seine Interessen vor allem in schulischen Zusammenhängen wahrnehmen;
- sich in unterschiedlichen sozialen Situationen und in der Öffentlichkeit angemessen und wirkungsvoll verhalten.

(GPJE 2004: 17)

1.4.4 Methodische Fähigkeiten

Fächerübergreifende und fachspezifische Methodenkompetenz

Als ein weiterer Kompetenzbereich politischer Bildung werden methodische Fähigkeiten ausgewiesen (vgl. GPJE 2004: 17 f.). Methodische Fähigkeiten stellen keine genuin politischen Kompetenzen dar, vielmehr beschreiben sie fächerübergreifende methodische Kompetenzen für das Lernen und den Unterricht. Aber auch die politische Bildung selbst leistet einen spezifischen Beitrag dazu, dass Menschen in die Lage versetzt werden, sich neues Wissen selbstständig zu beschaffen, Informationen kritisch zu beurteilen und zu selektieren. Eingebettet in eine neue schulische Lernkultur geht es darum, Methodenkompetenz mit zunehmender Komplexität im Verlauf der Schulzeit zu fördern. Beispielhaft können folgende methodische Fähigkeiten beschrieben werden: Lesekompetenz im Umgang mit verschiedenen Textsorten, gezielte Nutzung von Medien zur Informationsbeschaffung, Zeitplanung und Selbstorganisation, Referate und Präsentationen konzipieren und vortragen, selbstständiges Planen und Durchführen von Arbeitsvorhaben und Anwenden sozialwissenschaftlicher Methoden in elementarisierter Form (vgl. Sander 2013: 105). Als Beispiel für methodische Fähigkeiten wird hier sozialwissenschaftliches Analysieren vorgestellt: Dies ist die „Fähigkeit, gesellschaftliche, wirtschaftliche und politische Probleme, Fälle und Konflikte mithilfe sozialwissenschaftlicher Instrumente (Methoden, Kategorien, Modelle, Theorien) auf ihre Inhalte, Strukturen und Prozesse zu untersuchen, um ein sachlich begründetes Urteil abzugeben“ (Autorengruppe

Fachdidaktik 2017: 145). Weitere Beispiele für sozialwissenschaftliche Methoden sind kriteriengeleitete Beobachtungen, leitfadengestützte Interviews oder Fragebogenerhebungen sowie ihre jeweilige Auswertung (vgl. GPJE 2004: 18).

1.4.5 Zusammenschau: Die Kompetenzdimensionen politischer Bildung

Politische Analysefähigkeit als 4. Kompetenzdimension

Peter Henkenborg zieht als Voraussetzung und zur Entwicklung politischer Urteils- und Handlungsfähigkeit eine weitere Kompetenzdimension, die sich häufig auch in den Curricula der Bundesländer wiederfindet, hinzu: politische Analysefähigkeit. Schüler*innen sollen dabei die Fähigkeit zur „Analyse gesellschaftlicher und politischer Inhalte, Strukturen und Prozesse erlernen und erwerben" (Henkenborg, 2014b: 62). Es geht um die Fähigkeit, „in gesellschaftlichen Zusammenhängen zu denken, bei jedem Problem dessen verschiedene Dimensionen und den Gesamtzusammenhang, in dem es steht zu berücksichtigen" (Henkenborg, 2014b: 62.; vgl. dazu auch Negt 2010: 385 f.). Für den Fachunterricht können die drei bzw. vier Kompetenzdimensionen wie folgt operationalisiert werden:

Tabelle 1.1: Kompetenzdimensionen der politischen Bildung und ihre Operationalisierung (Henkenborg, 2014b: 63)

Kompetenz-dimension	Operator
Politische Analyse-kompetenz	*Wahrnehmen:* Die Fähigkeit, politische Phänomene zu erfahren und als solche wahrzunehmen und selbst Fragen an Politik zu stellen
	Verstehen: Die Fähigkeit, unterschiedliche Situationen, Situationsdeutungen, Motive, Handlungen etc. zu verstehen, zu beschreiben, zusammenzufassen und zu vergleichen
	Erkennen und erklären: Die Fähigkeit, in Bezug auf politische Probleme und Konflikte Aussagen über Zusammenhänge, Ursachen, Gesetzmäßigkeiten sowie über historische und künftige Entwicklung zu erkennen, zu erklären und zu erläutern
Politische Urteils-kompetenz	*Begründet entscheiden:* Die Fähigkeit, politische Urteile auf der Basis guter Gründe zu fällen und dabei mit Ambivalenz und Unsicherheit umzugehen
	Prüfen und abwägen: Die Fähigkeit, politische Sachverhalte mit empirischen, zweckrationalen, ethischen, ästhetischen und moralischen Rationalitätskriterien zu prüfen und bei politischen Urteilen zwischen diesen Rationalitätskriterien abzuwägen
	Sich hineinversetzen und bewerten: Die Fähigkeit, sich in die Interessen, Motive und Gefühle von anderen hineinzuversetzen und diese im Sinne einer gemeinwohlorientierten Lösung von politischen Problemen, Handlungs- und Entscheidungskonflikten zu bewerten

Kompetenz-dimension	Operator
Politische Handlungs-kompetenz	*Argumentieren:* Die Fähigkeit, die eigenen Urteile durch die Teilnahme an einer Praxis öffentlicher Kommunikation zu entwickeln und zu vertreten
	Sich beteiligen: Die Fähigkeit, die selbstbestimmte Bürgerrollen zu wählen und auszufüllen (Aktiv – Reflexion – Intervention) Die Fähigkeit, eigene handlungsleitende Bedürfnisse, Interessen und Werte in Bezug auf Gesellschaft, Ökonomie, Demokratie und Politik zu entwickeln (kompetent – inkompetent) Die Fähigkeit, differenzierte und realistische politische Kontrollüberzeugungen zu entwickeln (Macht – Ohnmacht) Die Fähigkeit, mit medialen Darstellungsformen von Politik umzugehen
	Sich verhalten: Die Fähigkeit, wünschenswerte liberale, dialogische und gemeinschaftliche Verhaltensmuster für politisches Verhalten in der Demokratie zu entwickeln
Sozialwissen-schaftliche Methoden-kompetenz	*Erforschen und untersuchen:* Die Fähigkeit, sozialwissenschaftliche Denkweisen und Methoden anzuwenden
	Erarbeiten und präsentieren: Die Fähigkeit, Arbeitstechniken zur selbstständigen Erarbeitung und Präsentation von politischen Sachverhalten anzuwenden
	Das Lernen lernen: Die Fähigkeit, das eigene Lernen Lernverhalten zu reflektieren und zu verbessern

1.5 Politikverständnis und Politikbegriffe

Die Lerngegenstände des Fachunterrichts Politische Bildung müssen sich an den aktuellen Herausforderungen von Mündigkeit und demokratischer Selbstbestimmung orientieren. Dazu müssen sie „als Kontroversen didaktisiert [für den Unterricht aufbereitet, S. G./P. K.] und mit wissenschaftlichen Diskursen in Beziehung gesetzt werden" (Autorengruppe Fachdidaktik 2017: 8). Um dies zu gewährleisten, muss das Politikverständnis bzw. der für den Unterricht zugrunde gelegte Politikbegriff geklärt werden.

Überlegen Sie, bevor Sie die nachstehenden Definitionen von Politik lesen, was Politik ***für Sie*** *persönlich bedeutet.*

....

....

....

....

....

Vielzahl an Perspektiven auf Politik

Politik als wissenschaftlicher Gegenstand unterliegt sozialen und kulturellen Wandlungsprozessen und je nach Standpunkt, Interesse und Interpretation können unterschiedliche Politikbegriffe zugrunde gelegt werden. Politischer Bildung geht es konkret um die „öffentliche Gestaltungskraft mündiger Bürgerinnen und Bürger" (Autorengruppe Fachdidaktik 2017: 8). Und der Anspruch politischer Bildung ist es, Lernende zu befähigen, „die soziale Welt zu verstehen, zu beurteilen, zu kritisieren und zu verändern" (ebd.: 8). Hier einen klar abgrenzbaren Politikbegriff zu bestimmen ist schwierig.

Im Kontext politischer Bildung kann unter Politik grundlegend *„die Regelung gemeinsamer Angelegenheiten menschlicher Gesellschaften verstanden werden. Das generelle Problem von Politik [...] ist die Frage, auf welche Weise wir als menschliche Gesellschaften unser Zusammenleben gestalten wollen"* (Sander 2013: 66). Die unterrichtliche Auseinandersetzung mit dieser Frage impliziert, politische, soziale und ökonomische Bedingungen und Verhältnisse mit einzubeziehen. Je nach Thema können die jeweiligen sozialwissenschaftlichen Bezüge betont werden oder auch in den Hintergrund treten (vgl. ebd.: 70).

Politik im weiteren Sinne

Um diese verschiedenen Perspektiven in der politischen Bildung zusammenhängend erfassen und abbilden zu können, bezieht sich auch der GPJE-Entwurf auf einen *weiten Politikbegriff*, der „[...] die Regelung von grundlegenden Fragen und Problemen des gesellschaftlichen Zusammenlebens" (GPJE 2004: 10) umfasst. Der weite Politikbegriff umfasst Politik im engeren Sinne sowie wirtschaftliche, rechtliche und soziale Dimensionen des Politischen.

Politik im engeren Sinne

Politik im engeren Sinne umfasst die politikwissenschaftliche Perspektive auf das politische System und bezieht sich stärker auf die „Gesamtheit der Aktivitäten zur Vorbereitung und Herbeiführung gesamtgesellschaftlich verbindlicher [...] Entscheidungen" (Meyer 2012: 37). Bei dieser Perspektive werden vor allem zwei Analysemodelle aus der Politikwissenschaft herangezogen: (1) die drei Dimensionen des Politischen und (2) der Politikzyklus als Prozess der Problembewältigung (vgl. GPJE 2004: 10; vgl. Detjen 2007: 296 ff.).

Tabelle 1.2: Dimensionen des Politischen (Böhret/Jann/Kronenwett 1979: 33)

Dimension	Erscheinungsformen	Merkmale	Bezeichnung
Form	Verfassung Normen/Gesetze Institutionen	Verfahrensregelungen Ordnung	*polity*
Inhalt	Aufgaben und Ziele Probleme Werte	Problemlösung Aufgabenerfüllung Wert- und Zielorientierung Gestaltung	*policy*
Prozess	Interessen Konflikte Kampf	Macht Konsens Durchsetzung	*politics*

Dimensionen des Politischen: polity poliy politics

Nach den drei Dimensionen des Politischen vollzieht sich Politik in den Dimensionen *Polity, Policy* und *Politics:*

- Die Polity-Dimension umfasst den Ordnungsrahmen, der die (institutionellen) Bedingungen politischen Handelns angibt. Darunter fallen bspw. die Verfassung, das Rechtssystem oder zwischenstaatliche Abkommen. Auch die politische Kultur eines Landes, also die jeweils geltenden Orientierungsmuster und die politisch bedeutsamen Wertüberzeugungen und Einstellungen, gehört zur Polity-Dimension. Sie öffnen oder verschließen politische Handlungsmöglichkeiten (vgl. Massing: 2016: 5).
- Die Policy-Dimension bezieht sich vor allem auf politische Probleme und den Aufgabencharakter von Politik. Diese Dimension nimmt also politische Handlungsprogramme in den Blick, die auf Probleme reagieren und diese lösen wollen (vgl. ebd.).
- Die Politics-Dimension erfasst den Prozess der Willensbildung und Entscheidung. Hier geht es um die politischen Akteure und ihre jeweiligen Interessen, die sich unter Berufung auf Legitimationsgründe versuchen, durch Konflikte, Konsens- und Kompromissbildung, durch Mehrheiten und mithilfe von Macht durchzusetzen (vgl. ebd.).

Die drei Dimensionen – *Polity*, *Policy* und *Politics* – wählen unterschiedliche Zugänge zum Politischen. Zusammen machen sie das aus, was aus politikwissenschaftlicher Perspektive als Politik bezeichnet werden kann. In der Unterrichtsplanung können sie als methodisch-analytisches Instrumentarium helfen, komplexe politische Phänomene, Sachverhalte und Probleme strukturiert zu erarbeiten und für Lernende verstehbar zu machen (vgl. ebd.).

Tabelle 1.3: Anwendung der Politikdimensionen am Beispiel Gegenstandsbereich Wahlen (Breit/Weißeno 2012: 16)

Dimension Inhalt	Dimension Prozess	Dimension Form
Zukünftige Aufgaben der Regierung bzw. Ankündigungen der einzelnen Parteien in ihren Programmen	Auseinandersetzungen im Wahlkampf über die „Versprechungen"	Wahlrecht, Funktionen der Parteien
Verbot oder Freigabe von Drogen als Vorschlag zur Lösung des Problems „zunehmende Drogensucht"	Der Streit zwischen einzelnen Bundesländern um ein angemessenes Konzept zur Bekämpfung der Drogensucht	Das Föderalismusprinzip

Dimensionen des Politischen in Verbindung mit Kategorien und Schlüsselfragen

Tabelle. 1.4: Dimensionen des Politischen als Analyseinstrument (Ackermann/Breit/Cremer/Massing/Weinbrenner 2015:29 f.)

Dimension	Kategorien	Schlüsselfragen
Polity (Form) Politischer Handlungsrahmen	• Internationale Abkommen und Regelungen • Grundgesetz • Zentrale Verfassungsprinzipien • politische Institutionen • Gesetze und Rechtsnormen • Politische Kultur	Welche internationalen Abkommen/Regelungen bestimmen den Handlungsrahmen? Welche Grundgesetzartikel werden berührt? Welche zentralen verfassungsrechtlichen Prinzipien müssen berücksichtigt werden? Welche politischen Institutionen sind an politischen Entscheidungen beteiligt und welche Kompetenzen haben sie? Welche Gesetze und Rechtsnormen spielen eine Rolle? Welche Wirkungen hat die politische Kultur?
Policy (Inhalt) Inhaltliche Handlungsprogramme	• Politisches Problem • Programme • Ziele • Lösungen • Ergebnisse der Politik • Bewertung der Politik	Um welches politische Problem geht es? Welche Ziele sollen erreicht werden? Welche Lösungsvorschläge werden diskutiert? Zu welchem Ergebnis hat die Politik geführt? Wie werden die Ergebnisse bewertet?

Dimension	Kategorien	Schlüsselfragen
Politics (Prozess) Politischer Willensbildungs- und Entscheidungsprozess	• politische Akteure • Beteiligte, Betroffene • Partizipation • Konflikte • Kampf um Machtanteile und • um Entscheidungsbefugnis • Interessen • (-vermittlung) • -artikulation • -auswahl • -bündelung • -durchsetzung • Legitimationsbeschaffung • - Verhandlungen • - Kompromisssuche • - Konsensfindung	Welche politischen Akteure stehen im Mittelpunkt? Wer ist beteiligt, wer ist betroffen? Welche Chancen der Mitwirkung bestehen und welche werden genutzt? Wie verlaufen die Konfliktlinien? Welche Machtstrukturen lassen sich feststellen und was beeinflusst sie? Welche Interessen können definiert werden, wie werden sie vermittelt und durchgesetzt? Wie werden Mehrheiten gefunden und wie wird Zustimmung gesucht?

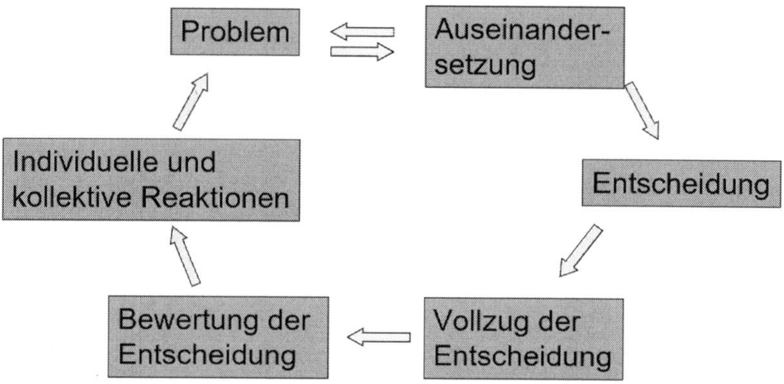

Abb. 1.2: Politikzyklus (Ackermann/Breit/Cremer/Massing/Weinbrenner 2015: 33)

Politikzyklus

Der Politikzyklus (als Modell) beschreibt Politik als einen prinzipiell nicht endenden Kreislauf der Bearbeitung (und Lösung) von gesellschaftlichen Gegenwarts- und antizipierten Zukunftsproblemen. Der politische Prozess der Problemlösung lässt sich analytisch in Phasen einteilen: *Problem, Auseinandersetzung, Entscheidung, Reaktionen, Weiterführung, Veränderung* bzw. *Lösung des Problems*. Während des Prozesses wirken verschiedene Einflussfaktoren:

> Materielle (Policy) politische Willensbildungs- und Entscheidungsprozesse gestalten sich immer im Rahmen von Konflikt- und Konsensbildungsprozessen, innerhalb konkreter politischer Kräftefelder (Politics) auf der Basis formaler institutioneller Ordnungen und struktureller Bedingungen (Polity). (Massing 2016: 5 f.)

Insbesondere politische Willensbildungs- und Entscheidungsprozesse können mit dem Modell des Politikzyklus veranschaulicht und analysiert werden. Hilfreich für die Annäherung und Konkretisierung der einzelnen Dimensionen bieten die folgenden Schlüsselfragen bzw. Kategorien:

Tabelle 1.5: Der Politikzyklus als Analyseinstrument (Ackermann/Breit/Cremer/Massing/Weinbrenner 2015: 34 f.)

Phasen	Schlüsselfragen/Kategorien
Problem	Worin besteht das Problem? Welche Aufgabe hat die Politik zu lösen?
Auseinandersetzung	Was wirkt auf die Auseinandersetzung ein? • Welche internationalen Abkommen, Institutionen, Strukturen wirken auf die Auseinandersetzung ein? • Welche globalen Entwicklungen und Konflikte beeinflussen die Auseinandersetzung? • Welches sind die rechtlichen Rahmenbedingungen (Rechtslage)? • Welche aktuellen und historischen Erfahrungen spielen eine Rolle? • Was kennzeichnet die Situation? • Welche Interessen haben die Akteure, welche Interessenkonflikte existieren? • Wie sind die Machtverhältnisse und was beeinflusst sie? • Welche Wertvorstellungen und Ideologien beeinflussen die Auseinandersetzung? • Welche Ziele verfolgen die Akteure? • Welche Lösungsentwürfe werden diskutiert? • … Wie verläuft die Auseinandersetzung? • Wer ist beteiligt? Wer sind die Akteure? • Welche Strategien zur Durchsetzung der verschiedenen Interessen und Positionen wurden entwickelt? • Welche Taktiken wurden angewandt? Welche Aktionen haben die Auseinandersetzung beeinflusst? • Wann/worüber kam es zum Konflikt? Wann/worüber kam es zu Verhandlungen? Wann/worüber wurden Kompromisse erzielt? • In welchen Etappen verlief die Auseinandersetzung? Welche Wendepunkte lassen sich erkennen? • …

Phasen	Schlüsselfragen/Kategorien
Entscheidung	Zu welchen Ergebnissen hat die Auseinandersetzung/der Willensbildungs- und Entscheidungsprozess geführt? • Was sind die inhaltlichen Hauptbestandteile der Entscheidung? • Hat sich eine Position durchgesetzt? • Ist ein Kompromiss zwischen verschiedenen Positionen erkennbar? • Welche Interessen, Ziele, Wertvorstellungen sind stärker berücksichtigt, weniger berücksichtigt oder unberücksichtigt geblieben? • Welche Problemsicht spiegelt sich in der Entscheidung wider? • …
Vollzug der Entscheidung	Wie wurde oder wird die Entscheidung umgesetzt? • Welche Akteure und Institutionen sind an der Durchführung beteiligt? • Welche Hindernisse, Schwierigkeiten und Konflikte gibt es bei der Umsetzung der Entscheidung? • Entspricht die Umsetzung den Intentionen der für die Entscheidung Verantwortlichen? • …
Bewertung der Entscheidung	Wie wird die Entscheidung bewertet und wovon ist die Bewertung abhängig? • Welche Individuen, Institutionen, gesellschaftliche Gruppierungen (national und international) bewerten die Entscheidung negativ/positiv? • Welche individuellen und kollektiven Erfahrungen gehen in die Bewertung ein? • Von welchen Interessen wird die Entscheidung geprägt? • Welche Wertvorstellungen und Ideologien beeinflussen die Entscheidung?
Reaktionen	Welche kollektiven und individuellen Reaktionen lassen sich erkennen und zu welchen neuen Problemen können sie führen? • Welche individuellen Reaktionen auf die Entscheidung lassen sich erkennen? Beispiele für individuelle Reaktionen: Wahlentscheidungen, Schwarzarbeit, Abwanderung, Zurückhaltung bei Investitionen, […], … • Welche kollektiven Reaktionen auf die Entscheidung lassen sich feststellen? Beispiele für kollektive Reaktionen: Streiks, Demonstrationen, Parteigründungen, Initiativen von Parteien, Parlamentsfraktionen, Regierungen, […], Umsetzung individueller Reaktionen in institutionellen Reaktionen (Verfassungsbeschwerde – Entscheidungen des Bundesverfassungsgerichts), Reaktionen anderer Länder, internationaler Organisationen, … • Welche neuen Probleme können sich aus der Entscheidung und ihrer Bewertung ergeben?

Wirtschaftliche Dimension

Die *wirtschaftliche Dimension* des weiten Politikbegriffs bezieht sich auf die gegenseitige Abhängigkeit von Wirtschaft und Politik. Während die Politik regulierend in wirtschaftliche Abläufe eingreift, schafft die Wirtschaft zugleich auch Rahmenbedingungen und Handlungsspielräume für die Politik. Diese Wechselwirkungen beeinflussen die Bürger*innen u.a. in ihrer Rolle als Verbraucher*innen, Arbeitnehmer*innen oder Arbeitgeber*innen (vgl. GPJE 2004: 10).

Rechtliche Dimension

Der Zusammenhang von *Recht und Politik* ergibt sich daraus, dass Recht einerseits durch politische Entscheidungsprozesse geschaffen, andererseits das Recht in demokratisch verfassten Gesellschaften und Systemen der Legitimation politischen Handelns dient (vgl. ebd.: 11).

Soziale Dimension

Die soziale Dimension des weiten Politikbegriffs bezieht sich auf die gesellschaftliche Dimension des Zusammenlebens und die sich daraus ergebenden Probleme und Fragen (vgl. ebd.). Nach diesem *weiten* Politikbegriff können nahezu alle wirtschaftlichen, sozialen, rechtlichen und natürlich auch im engeren Sinne politischen Ereignisse, Situationen, Problemen zu einem Politikum und damit zu einem Lerngegenstand politischer Bildung werden:

> […] die Pflege alter Menschen etwa, ein Dorfbach, eine Unternehmensgründung oder -schließung, eine technische Erfindung oder eine wissenschaftliche Entdeckung, eine Werbekampagne, ein Verbraucherboykott, der Umgang mit einem neuen Virus, ein Roman oder ein Theaterstück, das Kopftuch eines türkischen Mädchens, die Glatze eines Jugendlichen, der Benzinpreis, die Verteilung der Hausarbeit. Es kann auch streitiger Gegenstand von Politik sein, ob eine soziale Situation ‚politisch' zu nennen und durch Politik zu bewältigen sein soll oder nicht, und es kann sogar Ausdruck eines politischen Verhaltens sein, auf der Politikfreiheit einer Situation zu bestehen. (Sander 2013: 64)

Definition des weiten Politikbegriffs

Zusammenfassend lässt sich festhalten, dass in der Fachdidaktik übereinstimmend ein umfassender Politikbegriff zugrunde gelegt wird, der sowohl Politik im engeren als auch im weiten Sinne einschließt:

- *Politik im engeren Sinn*. Damit ist im Wesentlichen Politik als ein kollektiver, konflikthafter und demokratischer Prozess gemeint. […] Zur Analyse dieses Prozesses […] haben sich politikwissenschaftliche Modelle bewährt, die Politik als zyklischen Prozess der Problembewältigung (Politikzyklus) sowie in Anlehnung an den englischen Sprachgebrauch als mehrdimensionales Geschehen unter inhaltsbezogenen Aspekten (policy), institutionellen Aspekten (polity) und prozessualen Aspekten (politics) der Machtverhältnisse und Durchsetzungschancen der Akteure betrachten. Politik im engeren Sinne bezieht sich damit immer auch auf das politische System. […]
- *wirtschaftliche Fragen und Probleme*. Ökonomische Prozesse und ihre Ergebnisse sowie wirtschaftliche Strukturen definieren einerseits

Rahmenbedingungen gesellschaftlicher Entwicklung und bilden Voraussetzungen für politische Handlungsspielräume und Gestaltungsmöglichkeiten. [...]

- *Fragen und Probleme des gesellschaftlichen Zusammenlebens.* Gesellschaft ist sowohl Voraussetzung als auch Objekt von Politik. Wesentliche Problemfelder für die Politische Bildung sind das Spannungsfeld zwischen individueller Lebensgestaltung und gesellschaftlichen Erwartungen [...]
- *rechtliche Fragen und Probleme.* Recht und Politik bedingen einander wechselseitig. Recht entsteht als Ergebnis politischer Willensbildungs- und Entscheidungsprozesse, und Recht ist, einmal geschaffen, jedenfalls in Rechtsstaaten die strukturelle Voraussetzung für weiteres politisches Handeln [...].

(GPJE 2004: S. 10 f.)

Wie vor dem Hintergrund eines *weiten* Politikbegriffs Lerngegenstände der politischen Bildung gestaltet und aufbereitet werden können, zeigt Wolfgang Sander an dem Modell der Zonen des Politischen.

Tiefenschichten des Politischen

Während es bei den Politikdimensionen um die Breite von Politik und bei dem Politikzyklus um typische Abläufe geht, befasst sich dieses

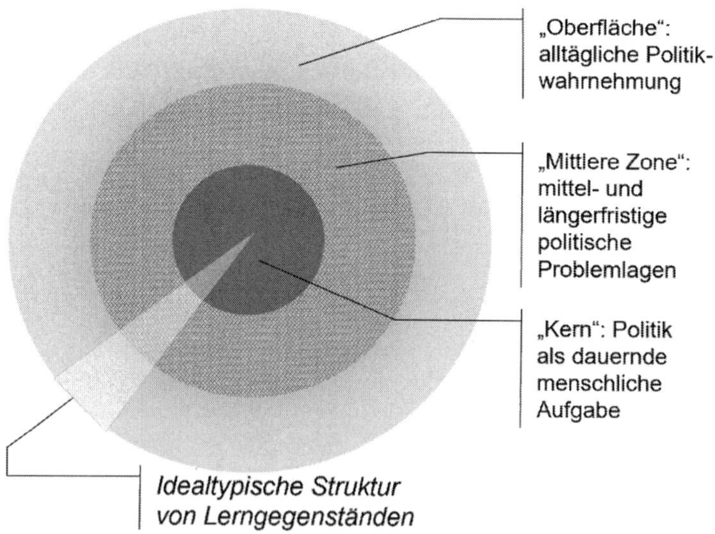

Abb. 1.3: Zonen des Politischen (Sander 2013: 178)

Modell mit unterschiedlichen Tiefenschichten von Politik und deren Bedeutung für politische Bildung. Dazu schlägt Sander ein Modell zur idealtypischen Konstruktion von Lerngegenständen vor. Hiernach lässt sich das Politische in verschiedenen Tiefenschichten beschreiben: *Oberfläche, mittlere Zone* und *Kern*. Diese Tiefenschichten können Lernenden die Dimensionalität von Politik anschaulich und verstehbar machen und somit zum Komplexitätszuwachs beitragen. Veranschaulichen lässt sich dies durch ein Schalenmodell mit drei Schichten und einem ‚Querschnitt‘:

Oberfläche

Auf der Oberfläche findet Politik alltäglich statt. Es ist der Bereich der medialen Sensationen und der Routinen. Hier formieren sich die meisten Interessen und konkreten politischen Ziele, es werden Wahlkämpfe geführt und Mehrheiten gesucht, hierauf beziehen sich die Headlines der Zeitungen und der Tagesschau. Die Themen und Konflikte in dieser Zone wechseln schnell. Es bilden sich aber häufig auch Meinungen, Interessen und Urteile von Schüler*innen an und zu Politik. Diese Zone eignet sich gut zur Entwicklung von Lerngegenständen, da sie für die Lernenden aufgrund der Aktualität und medialen Präsenz gut zugänglich ist. Von dieser Zone aus kann nach den hinter einem tagesaktuellen Ereignis liegenden mittel- und längerfristigen Problemlagen gefragt werden (vgl. Sander 2013: 179 f.).

Mittlere Zone

In der mittleren Zone des Politischen geht es um die mittel- und längerfristigen Problemkonstellationen, die hinter der Oberfläche wirken und (dauerhaft) Politik sowie Gesellschaft prägen. Hier geht es bspw. um Schlüsselprobleme wie den Wandel von der Industrie- zur Dienstleistungsgesellschaft, den Wandel im Parteiensystem oder die Globalisierung des Arbeitsmarktes (vgl. ebd.: 180 f.).

Kern

Im Kern des Politischen geht es um Politik als kontinuierliche Aufgabe der Menschen, das gesellschaftliche Zusammenleben zu regeln. Es geht also um die grundlegenden Fragen von Politik und politischer Bildung: *Wie wollen wir als Gesellschaften zusammenleben? Wie soll Macht organisiert und gebändigt werden? Wie ist Frieden möglich? Welche Ordnung kann als ‚gerecht‘ gelten?* Im Kern geht es also um die grundlegenden Fragen des Politischen, um politische Ethik und um politische Philosophie, wie bspw. den Staat, den Parlamentarismus oder die Menschenrechte (vgl. ebd.: 185 ff.).

Grundlegende Fragen des Faches

Grundlegende Fragen des Faches mit Blick auf seinen Kern (Basiskonzepte) sind u. a.:

- Wer kann mit welcher Berechtigung Macht ausüben? (Macht)
- Wie entsteht Recht und wie lässt sich das Verhältnis von Recht und Gerechtigkeit verstehen? (Recht)
- Was ist gut für das Gemeinwesen und nach welchen Maßstäben kann dies beurteilt werden? (Gemeinwohl)
- Was kennzeichnet das Zusammenleben in modernen Gesellschaften sowie zwischen Gesellschaften in Europa und weltweit? (System)
- Was unterscheidet menschliches Handeln im öffentlichen Leben vom privaten Bereich? (Öffentlichkeit)
- Wie kann und soll der Umgang mit knappen Gütern gestaltet und politisch geregelt werden? (Knappheit)

(Sander 2010: 42, vgl. dazu ausführlich Sander 2013: 95 ff.)

Durchlässigkeit und Verwobenheit der Zonen

Die drei Zonen sind als grob unterscheidbare, dynamische Phasen zu verstehen und gehen fließend ineinander über. Die Konstruktion des Lerngegenstandes für den Fachunterricht sollte sich entsprechend an einem Ausschnitt der gesellschaftspolitischen Wirklichkeit orientieren. Im Modell (Abb. 1.3) wird dieser Ausschnitt so dargestellt, dass alle Zonen des Politischen vertreten sind, wenn auch von Fall zu Fall in unterschiedlichen Gewichtungen. Das ist letztlich auch abhängig von der Anschlussfähigkeit an die jeweiligen Politikwahrnehmungen der Lernenden. Ziel ist es, Lernenden zu ermöglichen, längerfristig bedeutsame Probleme zu erschließen und auch ganz grundsätzlich die Vorstellungen erreichen und ggf. zu verändern, von denen sie sich überhaupt ein Bild von Politik machen (vgl. Sander 2013: 187 f.).

Kontext: *Am 5. April 2009 forderte der amerikanische Präsident Obama in einer Rede in Prag die Abschaffung aller Atomwaffen und kündigte entsprechende Abrüstungsschritte an. Diese Forderung könnte (etwa ab der 10. Jahrgangsstufe) zum Thema eines Lernvorhabens werden – ‚Eine Welt ohne Atomwaffen?' –, in dem sich diese drei Zonen des Politischen in folgenden Aspekten abbilden:*

Oberfläche: *Die Forderung Obamas: Einschätzungen der Schülerinnen und Schüler zu dieser Forderung (Sammlung, aber Diskussion erst am*

Ende des Lernvorhabens im Licht des dabei Erarbeiteten); Lektüre der Rede; erste entsprechende Initiativen im Dialog mit Russland; aktuelle politische Situation in diesem Dialog.

Mittlere Zone: *Friedenspolitik im Atomzeitalter: Entwicklung und Wirkung von Atomwaffen; weltweite Verbreitung und Atomwaffensperrvertrag; atomare Abschreckung im Kalten Krieg; aktuelle Konfliktfelder (Nordkorea, Iran, Pakistan, Risiko der Weitergabe an terroristische Organisationen; Bedeutung der atomaren Abschreckung für Israel); kontroverse Beurteilungen der Forderung nach Abschaffung aller Atomwaffen und der friedenspolitischen Chancen und Risiken dieser Forderung in Politikwissenschaft und Publizistik; Macht und Ohnmacht von Global Governance in der Friedenspolitik.*

Kern, unter dem Aspekt des Basiskonzepts Macht: *machtpolitische Wirkung von Drohpotenzialen; Machtbalance als Aspekt von Friedenssicherung; Bedeutung von Prestige für Groß- und Hegemonialmächte; pessimistische und optimistische Menschenbilder mit Blick auf die Notwendigkeit oder Verzichtbarkeit atomarer Abschreckung.*

(Sander 2010: 39)

1.6 Wie politisch darf mein Unterricht sein?

Beutelsbacher Konsens:
1. Überwältigungsverbot
2. Kontroversitätsgebot
3. Interessenorientierung

Im Folgenden soll der Frage nachgegangen werden, wie politisch der Fachunterricht sein darf (oder kann) und welche Relevanz diese Frage für die Unterrichtsplanung besitzt. Eine erste Antwort in diesem Zusammenhang liefert der Beutelsbacher Konsens (1976), der in einer Zeit der Polarisierung politischer und politikdidaktischer Konzepte, drei Grundprinzipien für den Fachunterricht formulierte: 1. das Überwältigungsverbot, 2. das Kontroversitätsgebot und 3. die Berücksichtigung der Schüler*inneninteressen sowie der Handlungsorientierung (vgl. Wehling 1977; vgl. Widmaier/Zorn 2016).

Kontroversität im Unterricht umsetzen

Für Lehrende stellt sich davon ausgehend die Frage, „wie er/sie das Kontroversgebot – das sich aus dem ersten Grundsatz ergibt und zum dritten Grundsatz hinführt – im Unterricht [und in den Planungsüberlegungen, S. G./P. K.] verwirklichen kann" (Autorengruppe Fachdidaktik 2017: 25; vgl. Reinhardt 2018: 31 ff.). Eine Neutralität des Fachunterrichts oder gar des Lehrenden daraus abzuleiten wäre ein Irrglaube. Vielmehr geht es darum, dass Lehrende bereits in ihren Planungsüberlegungen antizipieren, auf welche Lerngruppe sie treffen: Ist die Lerngruppe politisch heterogen und in ihren Auseinandersetzungen vielleicht sogar streitlustig, kann die Lehrperson ‚unpolitisch' bleiben. Die Schüler*innen tragen Kontroversen selbst aus und die Positionierung des Lehrenden ist womöglich gar nicht gefordert. Der Lehrkraft kommt infolgedessen primär eine moderierende Funktion zu. Ist die Lerngruppe eher politisch homogen oder auch wenig interessiert, muss die Lehrperson politische Kontroversen und Alternativen aufzeigen und manchmal auch durch eine persönliche Stellungnahme aufrütteln (vgl. Autorengruppe Fachdidaktik 2017: 24 ff.). In der Planung des Unterrichts können solche Kontroversen und Alternativen auch in – vielleicht anderen als üblicherweise genutzten – Medien aktiv gesucht und für den Unterricht vorbereitet werden. So können bspw. Artikel aus verschiedenen Zeitungen wie der *taz, der Frankfurter Allgemeine Zeitung (FAZ)* und der *Süddeutschen* unterschiedliche Standpunkte in einer Streitfrage offenbaren. Methodisch eignet sich hier bspw. ein konfliktorientierter Unterricht, in dem Kontroversverfahren wie Pro-Kontra-Streitgespräch, Debatte oder Talkshow) zum Einsatz kommen.

An seine Grenze stößt das Kontroversitätsgebot jedoch, wenn es um unmoralische oder demokratiefeindliche Äußerungen geht. Dies stellt für die Lehrperson immer wieder ein Balanceakt dar, der auch durch eine gute Planung nicht vorwegnehmend gelöst werden kann. Den Äußerungen kann klar sachlich-fachlich-politisch entgegengetreten werden, allerdings ist dabei darauf zu achten, den Lernenden trotzdem mit Achtung und Zuwendung zu begegnen (vgl. Autorengruppe Fachdidaktik 2017: 29).

Übungsaufgaben

1.1) Benennen Sie die drei Spannungsbereiche in der Unterrichtsplanung. Welche Auswirkungen hat eine schüler*innenorientierte Unterrichtsplanung auf die weiteren Spannungsbereiche „Lineare vs. vernetzte Planung" und „Steuerung vs. Offenheit"?

1.2) Nennen Sie die drei Kompetenzen, die durch den Fachunterricht aufgebaut werden sollen und beschreiben Sie diese kurz. Welche Facetten müssen daneben gefördert werden?

1.3) Politikverständnis:

a) Definieren Sie in eigenen Worten den engeren und weiten Politikbegriff.

b) Inwiefern beseinflussen die unterschiedlichen Definitionen von Politik den Fachunterricht bzw. seine Gestaltung?

1.4) Nehmen Sie Stellung zur Frage: „Wie politisch darf mein Unterricht sein?" Nennen und erläutern Sie dazu auch die Grundsätze des Beutelsbacher Konsenses und setzen Sie sich mit der These auseinander, dass gemäß dem Beutelsbacher Konsens auch extremistische und demokratiefeindliche Positionen bei der Planung des Fachunterrichts berücksichtigt werden müssen? Begründen Sie Ihre Antwort.

2. Grundzüge der Unterrichtsplanung

Im Folgenden werden die zentralen Bereiche der Unterrichtsplanung in den Blick genommen. Wie können die Ziele und Inhalte des Unterrichts in einen begründeten Zusammenhang mit den Bedingungen des Lernens, also den Voraussetzungen der Schüler*innen und den institutionellen Rahmenbedingungen, gebracht werden?

Stellen Sie sich die Frage, was Sie für den Unterricht im Voraus planen können, bevor Sie sich mit dem nachfolgenden Kapitel beschäftigen. Was kann ***nicht geplant*** *werden – und was bedeutet das für Sie als (zukünftige) Lehrkraft?*

....

....

....

....

....

2.1 Curriculare Rahmenbedingungen – von der Jahres- zur Stundenplanung

Von der Jahres- zur Stunden- planung

Die Planungsüberlegungen von Unterricht lassen sich nicht in ein schematisches Ablaufmuster bringen. Vielmehr verlaufen sie in rekursiven Schleifen und auf verschiedenen Ebenen. Die Jahresplanung bringt die Themen des Curriculums und des schulinternen Lehrplans in eine zeitliche Reihenfolge und versieht sie mit einem jeweiligem Unterrichtsstundenkontingent. Konkrete Unterrichtsgegenstände und Ablaufstrukturen sind in curricularen Vorgaben meist nicht vorgeschrieben, vielmehr stellen sie „Richtlinien [für] die Konstruktion von Lernfeldern" (Reinhardt 2018: 212) dar. Um für Schüler*innen motivierend und interessant zu sein, müssen die Themenfelder um- bzw. neu formuliert werden. Es bedarf demnach einer konstruktiven und kreativen Gestaltungsleistung, die auf der *mittleren Planungsebene*, also zwischen bildungspolitischen und schulinternen Vorgaben und der eigentlichen Unterrichtssituation mit einer Lerngruppe, erfolgt (vgl. Oswalt 2016: 14 f.). Die Planung von Unterrichtseinheiten (auch als Unterrichtsreihen bezeichnet) bedarf einer gehaltvollen Auseinandersetzung mit der inhaltlichen Gliederung des Gegenstandes: Dabei werden politische Gegenstände zu Themen gruppiert und mit dem Anspruch verbunden, zugleich Erkenntniswege politischen Denkens zu öffnen. Die geplante Unterrichtseinheit – als thematischer Zusammenhang – kann dann wiederum in mehrere Unterrichtsstunden gegliedert werden.

Unterrichtsstunden, -sequenzen und -einheiten

Für die Gliederung in Unterrichtsstunden bzw. die Sequenzierung ist darauf zu achten, dass der thematische Zusammenhang – repräsentiert bspw. durch eine Problem- oder Fragestellung – für die Schüler*innen im Verlauf der einzelnen Unterrichtsstunden klar erkennbar bleibt. Die Unterrichtsstunden und -sequenzen können dabei jeweils unterschiedlichen Strukturierungskonzepten folgen. Einzelne Unterrichtstunden können unterschiedliche Betrachtungs- und Darstellungsweisen aufweisen, z. B eine institutionelle Struktur thematisieren, einen politischen Prozessablauf rekonstruieren, eine raum- und zeithistorische Kontextualisierung vornehmen oder interpretativer Verfahren anhand sozialwissenschaftlicher Texte üben.

Auch Wolfgang Sander (2013) empfiehlt das Hauptaugenmerk auf die Planung ganzer Unterrichtseinheiten zu legen. Denn im Gegensatz zu traditionellen Vorgaben zur Unterrichtsstundenplanung, muss nicht,

> am Ende jeder Stunde ein Ergebnis stehen'; es kann durchaus sinnvoll sein, beispielsweise über eine ganze Stunde oder auch länger Schülerinnen und Schüler selbstständig in Kleingruppen arbeiten zu lassen, äußerlich also scheinbar ‚ereignislose' Unterrichtsstunden zu produzieren. Die tradierte Vorstellung von der einzelnen Unterrichtsstunde als einer Art von didaktischem Gesamtkunstwerk im Miniformat, in dem sich mehrere Arbeitsphasen, gestufte Lernfortschritte und Ergebnissicherungen nachweisen lassen, ist Produkt einer überkommenen schulischen Lernorganisation, die freilich Generationen von rLehramtsreferendaren und Lehrern bei Unterrichtsbesuchen zur Produktion von virtuellen Realitäten veranlasst hat (ebd.: 230).

Unterrichtseinheit (besteht aus ca. 10 Unterrichtsstunden) Die Reihe lässt sich z. B. in drei Unterrichtssequenzen einteilen		
Unterrichtssequenz (z. B. 4 Stunden)	**Unterrichtssequenz** (z. B. 3 Stunden)	**Unterrichtssequenz** (z. B. 3 Stunden)
Unterrichtsstunde 1 Unterrichtsstunde 2 Unterrichtsstunde 3 Unterrichtsstunde 4	Unterrichtsstunde 1 Unterrichtsstunde 2 Unterrichtsstunde 3	Unterrichtsstunde 1 Unterrichtsstunde 2 Unterrichtsstunde 3

Abb. 2.1: Aufbau einer Unterrichtseinheit (nach Schmenk/Veh 2019: 37)

Aspekte der Planung

Die Planung berücksichtigt analytisch also zentrale Eckpunkte wie das Curriculum, die Perspektive der Schüler*innen (dazu Kap. 2.3 und 3.1) und die politische Kultur und überführt diese in eine sinnvolle, stundenüberschreitende Struktur sozialwissenschaftlicher Betrachtung (vgl. Oswalt 2016: 12).

2.2 Was und wie kann geplant werden?

Bei der Planung des Fachunterrichts geht es darum, auf die didaktischen Fragen nach den Zielen *(Wozu?)*, Inhalten *(Was?)*, den Lernprozess, also dem methodischen Vorgehen und dem Einsatz von Medien *(Wie?)* und den Bedingungen des Unterrichts zusammenhängende und begründete Antworten zu finden. Unterricht soll hier verstanden werden als Lehr-Lernsituation, in der es um die sachbezogene *und* die persönlichkeitsbezogene Seite geht. Für die Planung von Unterricht impliziert dies, insbesondere die antizipierte Lernenden-Perspektive für Planungsentscheidungen zu berücksichtigen.

Leitfragen der Unterrichtsplanung

Die Planungsentscheidungen, die zu treffen sind, liegen auf sehr unterschiedlichen Ebenen, bedingen sich jedoch gegenseitig und müssen miteinander verknüpft werden. Paul Ackermann et al. (2015) schlagen dazu folgendes Modell mit Leitfragen vor, das hier in leicht veränderter Form vorgestellt wird:

Abb. 2.2: Leitfragen zur Unterrichtsplanung (leicht angepasst nach Ackermann/Breit/Cremer/Massing/Weinbrenner 2015: 12)

Die Leitfragen verstehen sich keineswegs als Rezept. Wolfgang Sander weist auf die „Illusion der *Steuerbarkeit* des Lernens" (Sander 2013: 227) hin. Vielmehr stellen sie Suchinstrumente dar, mit deren Hilfe Planungsüberlegungen (zirkulär) vollzogen und überprüft werden können (Ackermann et al. 2015: 11 ff.). Unterrichtsplanung lässt sich demnach „als eine geistige Übung [verstehen], die das Risiko für den realen Unterricht dämpft" (Scheunpflug 2001: 175). Die Planung von Unterricht erlaubt es der Lehrkraft sich auf unterschiedliche Lernsituationen einzustellen und im Vorfeld entsprechende Handlungsmöglichkeiten durchzuspielen.

2.3 Die Bedingungsanalyse

In der Bedingungsanalyse beschreibt die Lehrperson, von welchen Voraussetzungen und Bedingungen sie bei der Unterrichtsplanung ausgeht. Es geht vor allem darum, das Vorwissen, die Einstellungen und Werthaltungen der Lernenden (und Lehrenden), ihre methodischen Fertigkeiten und Interessenlagen zu beschreiben und mit den Ziel-, Inhalts- und Methodenentscheidungen des Unterrichts zu verknüpfen (vgl. Breit/Weißeno 2012: 38).

Einflussfaktoren

Dazu werden in der Bedingungsanalyse die für eine Unterrichtseinheit in einer bestimmten Klasse wesentlichen Einflussfaktoren, die sich unterstützend oder hemmend auf den Lernprozess auswirken können, erfasst und bewertet (vgl. Meyer 2015: 130). Dies betrifft Bedingungen, die sich auf persönliche Faktoren der Lernenden wie der Lehrenden sowie auf inhaltliche, räumliche, soziale, materielle und zeitliche Faktoren beziehen. Hinzu kommen die Schulleitung und Schulaufsicht, ggf. Eltern, allgemeine gesetzliche Rahmenbedingungen, die Arbeitsweise des Kollegiums, Curriculum, der schulinterne Lehrplan und die schulspezifische Kultur mit ihren jeweiligen offenen oder unausgesprochenen Regeln und Gewohnheiten.

Wissenschaftliche Erkenntnisse

Shell-Jugendstudien:

Auch wissenschaftliche Forschungsergebnisse wie bspw. die Shell-Jugendstudien können herangezogen werden. Sie liefern zahlreiche Einzeldaten zu unterschiedlichen Bereichen wie bspw. der Bereitschaft zum Engagement, Rechtsextremismus, Zukunftsperspektiven, Mediennutzung, den Grad der Informiertheit und das politische Verhalten Jugendlicher, interessante Themen für Jugendliche, usw. Wenngleich wissenschaftliche Erkenntnisse nicht gleichermaßen für jede Klasse zutreffen, können sie doch Augenöffner sein und Möglichkeiten für die konkrete Beobachtung der Lerngruppe bieten (vgl. Breit/Weißeno 2012: 38; vgl. Reinhardt 2018: 215 ff.).

Individuelle und institutionelle Bedingungen

Folgende Aspekte sollten daher intensiver hinterfragt und recherchiert werden (vgl.: Gonschorek/Schneider 2010: 293 f.; vgl. Meyer 2015: 174):

Individuelle Voraussetzungen

- Vorkenntnisse, Einstellungen, Interessen und themenbezogene Erfahrungen der Schüler*innen und wie diese Erfahrungen und das Wissen der Schüler*innen produktiv für den Unterricht genutzt werden können (Kap. 2.3.1)
- Hier kann auch gezielter und individueller auf Schüler*innen eingegangen werden. Allerdings ist hier Fingerspitzengefühl gefragt. Insbesondere Zuschreibungen von Charaktermerkmale und (negativ) wertende Aussagen sind unbedingt zu vermeiden. Für den Fachunterricht ist bspw. interessant, welche Schüler*innen mitdiskutieren, welche nicht?

Klasseninterne Bedingungen

- Aktuelle Situation der Klasse: Alter, Klassengröße, Sitzordnung, Geschlechterverhältnis, Sprachkenntnisse, Leistungsstände, usw.
- Welche kulturellen und soziale Gegebenheiten treffen in der Klasse aufeinander? Wie wirkt sich das auf den Unterricht und dessen Planung aus?
- Gibt es Gruppenbildungen in der Klasse?
- Ist die Klassenatmosphäre freundschaftlich oder eher durch Konkurrenzdenken geprägt?
- Herrscht Lernfreude vor oder sind die Schüler*innen eher unmotiviert?
- Welche Arbeitsformen und Methoden sind bekannt und eingeübt?
- Mit welchen Materialien und Medien (z.B. Lehrbücher) arbeitet die Klasse?

Curriculare und fachliche Vorgaben & institutionelle und innerschulische Bedingungen

- Bildungsstandards, Richtlinien, Curricula, Lehrpläne
- Juristische Vorgaben
- Ausstattung der Schule/des Klassenraums
- Räumliche Ordnung
- Zeitplan/Stundentaktung/Stundenplan
- Kollegium
- Sonstige organisatorischen Maßnahmen

Definition von Richtlinien und Bildungsstandards

Richtlinien sind staatliche Vorgaben für die Gestaltung von Unterricht. Für Lehrer*innen bieten sie Orientierung. Des Weiteren dienen sie der Legitimation staatlicher Eingriffe und der Steuerung der Schul- und Unterrichtsentwicklung. Richtlinien werden durch die Kultusministerkonferenz eingesetzt. Auch Lehrer*innen sowie Wissenschaftler*innen sind an der Entwicklung von Richtlinien beteiligt (vgl. Meyer 2015: 169).

Bildungsstandards definieren konkret und kompetenzbezogen, was Schüler*innen in einem bestimmten Alter bzw. einer bestimmten Jahrgangsstufe wissen und können sollen. Lern- bzw. Bildungsziele werden aktuell in Form von Kompetenzen formuliert. Zukünftig sollen sich Bildungsstandards in den einzelnen Fächern an einem gestuften Modell der Kompetenzentwicklung orientieren. Die Kultusministerkonferenz sieht in der Implementierung von Bildungsstandards ein Instrument zur Steuerung des deutschen Schulsystems (vgl. Meyer 2015: 170f.).

Nicht alle diese Bedingungen können durch eine noch so sorgfältige Unterrichtsplanung beeinflusst werden. Dennoch gehört der Einbezug der Bedingungen und soweit möglich die Gestaltung dieser Rahmenbedingungen in die Unterrichtsplanung (vgl. Breit/Weißeno 2012: 39; vgl. Sander 2013: 231 f.).

2.3.1 Die Bedeutung von Schüler*innenvorstellungen

Aktivierung und Transformation der Vorkonzepte

Der Anspruch der Kompetenzorientierung, einen anderen Umgang mit Inhalten auf der Ebene der Unterrichtsgestaltung zu finden, erfordert auch einen anderen Umgang mit dem Vorwissen der Schüler*innen. Wenn Fachunterricht Politische Bildung im Wesentlichen kein Pauk-, sondern eher ein Denkfach ist, muss es also vor allem darum gehen, die bereits vorhandenen Wissensbestände der Schüler*innen im und durch Unterricht qualitativ zu erweitern bzw. zu transformieren. Empirische Studien (vgl. Mandl/Krause 2001) belegen, dass Schüler*innen neue Lerninhalte erwerben, wenn ihr Vorwissen innerhalb des Lernprozesses aktiviert wird. Dies bedeutet, dass Lehrende etwas darüber in Erfahrung bringen müssen, was und vor allem wie Schüler*innen über Politik, Ökonomie und Gesellschaft denken (vgl. Autorengruppe Fachdidaktik 2017: 64 ff.).

‚Diagnostik'

Systematischer Ausgangspunkt für die Unterrichtsplanung muss daher das ‚Diagnostizieren' der Vorkonzepte der Lernenden sein. Diese Tätigkeit beginnt bspw. bereits damit, dass Lehrende ihre Schüler*innen im Unterricht ‚beobachten', ihre Beobachtungen in einer Art Tagebuch aufschreiben und das, was sie beobachten analysieren und für Unterricht fruchtbar machen. Neben einer solchen aufmerksamen Haltung ist insbesondere die Phase zu Beginn einer neuen Unterrichtseinheit für diagnostisch ausgerichtete Arbeitsphasen bedeutsam. So können die Vorkonzepte und -einstellungen der Lernenden zu einem Thema bspw. über folgende Instrumentarien erhoben werden (vgl. Sander 2013: 235 f.; vgl. dazu auch Birke/Lutter 2014):

> *Brainstorming und freie Assoziation:* Die Lernenden werden aufgefordert, zu einem bestimmten Stichwort [...] alles zu notieren, was ihnen einfällt. [...] Ein Beispiel: In einer kleinen Videodokumentation des Demokratiezentrums Wien [...] werden Schülerreaktionen auf den Impuls ‚Demokratie ist ...' gezeigt. Unter anderem sagten Schülerinnen und Schüler folgendes: ‚Demokratie ist Konfliktlösung'; ‚Demokratie ist, dass man mit 18 wählen darf'; Für mich ist Demokratie Freiheit'; Mit Demokratie assoziiere ich Mitbestimmung in all meinen Lebensbereichen, auf allen Ebenen und auf diverse Arten und Weisen'; Demokratie ist für Gleichberechtigung, vollzogen durch die Repräsentanten des Volkes'; Demokratie ist für mich ein System, welches den Menschen weismacht, dass sie Macht besitzen. Dass das Volk einen gewissen Einfluss auf die Politik hat'; Demokratie ist anstrengend'. Es ist sofort erkennbar, dass hinter solchen Äußerungen unterschiedliche Konzepte von Demokratie stehen, die sich im Übrigen auch zu einem großen Teil in der Geschichte der Demokratietheorie wiederfinden. Ein Lernvorhaben [eine Unterrichtseinheit, S. G./P. K.] [...] könnte beispielsweise darauf abzielen, diese Demokratietheorien zu rekonstruieren, die darin implizierten unterschiedlichen Vorstellungen [...] etwa zu ‚Macht' und ‚Gemeinwohl' – herauszuarbeiten und zu verdeutlichen, auf welchen dieser konzeptuellen Vorstellungen moderne Verfassungsstaaten beruhen.
>
> *Vier-Ecken-Spiel:* [Es] werden vier kontroverse Thesen auf Plakaten in die vier Ecken des Raumes gehängt und die Teilnehmer gebeten, sich in die Ecke zu begeben, deren These sie am ehesten zustimmen. Die Methode ist besonders geeignet, Voreinstellungen in einer Lerngruppe zu kontroversen Themen zu eruieren. [...]

Ampelspiel: Die Teilnehmer erhalten je eine runde Karte in den Farben rot, gelb und grün. Zum Thema des geplanten Lernvorhabens werden eine Reihe von pointiert formulierten Thesen oder Statements vorgelesen; die Teilnehmer signalisieren durch Hochheben der entsprechenden Karte Zustimmung (grün), Ablehnung (rot) oder Enthaltung bzw. Unentschiedenheit (gelb).

Hypothesen bilden: Zu einem als Thema vorgesehen Problem (Beispiel: Wie kommt es zu Arbeitslosigkeit in unserer Gesellschaft?) werden von den Adressaten auf der Basis ihres Vorwissens Hypothesen formuliert, die dann im Lauf des Lernvorhabens überprüft werden.

Collagen herstellen: In Kleingruppen werden mit Hilfe einer größeren Zahl mitgebrachter Zeitschriften auf Plakaten Collagen angefertigt – zu einem bestimmten Themenstichwort (Beispiel ‚Europa'), aber ohne weitere inhaltliche Vorgaben. Erfahrungsgemäß zeigen sich in den Produkten sehr deutlich die inhaltlichen Vorstellungen, die sich in der Lerngruppe mit dem jeweiligen Stichwort verbinden. Oftmals lassen sich aus solchen Collagen auch Fragen und Aufgaben für die weitere Arbeit entwickeln.

Concept-Mapping (Begriffslandkarten): Adressaten werden gebeten, eine Reihe von vorgegebenen Begriffen zum vorgesehenen Thema auf Moderationskarten zu übertragen und sie in einer Weise zu ordnen, die ihnen als sinnvoll erscheint. Verbindungen zwischen den Begriffen sollten eingezeichnet und benannt werden, es kann auch die Möglichkeit vorgesehen werden, Begriffe zu ergänzen. Concept-Maps geben recht genaue Auskünfte über konzeptuelles Wissen der jeweiligen Adressaten.

(Sander 2013: 236 f.)

2.3.2 Umgang mit Heterogenität und Differenzierung

Heterogenität als Herausforderung *und* Chance

Die Berücksichtigung der Vorstellungen und des Vorwissens der Lernenden führt auch zu einer stärkeren Wahrnehmung der Heterogenität von Lerngruppen, z.B. in Bezug auf sozio-kulturelle Unterschiede oder hinsichtlich des Leistungsstandes, der Interessen und der Motivation. Diese faktische Heterogenität sollte sich auch in Überlegungen zur Unterrichtsplanung widerspiegeln – und das nicht nur unter einer Perspektive, die Heterogenität als Problem wahrnimmt. Unterschiedliche Interessen, Ziele und Wissensbestände können den Unterricht auch anregen und bereichern.

Reflexion des Lernangebots

Bei der Planung ist es wichtig, dass die Lehrperson selbst zunächst einmal ihre eigenen ‚Bedingungen', ihre Vorstellungen und Werthaltungen „im Hinblick auf die eigene Positionierung in gesellschaftlichen Differenzverhältnissen" (Autorengruppe Fachdidaktik 2017: 73), reflektiert. Dies bedeutet sich die Frage zu stellen, ob die geplanten Lernangebote auch Schüler*innen ansprechen, interessieren und herausfordern, die sehr andere biografische und sozio-kulturelle (Lebens-)Erfahrungen mitbringen als man selbst. Macht es sich die Lehrperson bewusst, dass sie Sympathie für einen politischen Akteur oder eine Partei hat oder aber eine Abneigung gegenüber bestimmten gesellschaftlichen und politischen Richtungen hegt, so kann sie dies bei der Planung rechtzeitig reflektieren und auf andere Positionen achten (vgl. Breit/Weißeno 2012: 44).

Methodische Antworten

In heterogenen Lerngruppen bieten sich vor allem schüler*innen-orientierte Arbeitsformen an, die an die individuellen Lernvoraussetzungen anknüpfen. Dazu bedarf es einer methodischen Unterrichtsgestaltung, die ein individualisiertes Arbeiten der Schüler*innen innerhalb des Unterrichts ermöglicht (innere Differenzierung). Dadurch hat die Lehrperson Zeit, sich den einzelnen Schüler*innen zuzuwenden und sie individuell zu unterstützen. In diesem Zusammenhang sind bspw. Wochenplanunterricht, Stationenlernen und Werkstattarbeit zu nennen. Bei der Arbeit mit einem Wochenplan gibt die Lehrperson allen Schüler*innen zu Beginn der Woche einen individuellen, auf den jeweiligen Lernstand abgestimmten Aufgabenpool. Innerhalb eines festgelegten Zeitfensters werden die Aufgaben selbstständig bearbeitet und müssen nach einem bestimmten Zeitraum (z.B. binnen zwei Wochen) abgeschlossen sein. Stationenarbeit und Werkstattunterricht zeichnen sich durch differenzierte Angebote, die z.B. in Schwierigkeitsgrad oder im Arbeitsschwerpunkt variieren, aus. Die Reihenfolge der Bearbeitung ist nicht festgelegt und kann von den Lernenden innerhalb eines Spektrums an zu erfüllenden Aufgaben selbstständig gewählt und bearbeitet werden (vgl. Mattes 2006: 38 ff.; vgl. Sander 2013: 237f;).

2.4 Sachanalyse – die Rolle der fachwissenschaftlichen Vorbereitung

In der fachwissenschaftlichen Vorbereitung – der Sachanalyse – arbeitet sich die Lehrkraft in den Gegenstand des Unterrichts ein. Dabei ergibt es keinen Sinn, lediglich Fakten zum Unterrichtsgegenstand zusammenzutragen. Vielmehr soll sie Strukturen herausarbeiten, Beziehungen herstellen und die Thematik in größere Zusammenhänge einordnen.

Fachwissen

Die Lehrperson muss in der Lage sein, den Schüler*innen im Unterricht ‚etwas zu bieten'. Dies setzt voraus, sich wissenschaftliche Expertise anzueignen. Im Umkehrschluss heißt das aber nicht, dieses komplexe (Fach-)Wissen im Unterricht bedenkenlos zur Anwendung zu bringen. Die Wissensdarbietung muss in Aufgaben und dynamische Unterrichtsprozesse eingebunden werden, die es Schüler*innen ermöglichen, den Sinn und die Funktionsweise von politischen Institutionen, Ordnungsmodellen und sozialwissenschaftlichen Denkweisen zu verstehen. (vgl. Breit/Weißeno 2012: 45; vgl. Massing 2016: 6).

Leitfragen für die lehrer*innenseitige Themenerarbeitung

Folgende Fragen können für die Ein- und Aufarbeitung eines Themas/Inhalts als Leitfaden dienen (vgl. Gonschorek/Schneider 2010: 289 ff.):

- Welche elementaren Probleme, Begriffe und Zusammenhänge enthält das Thema?
- Welche Bedeutung hat das Thema in der Fachwissenschaft?
- In welche größeren Sinnzusammenhänge ist das Thema einzuordnen?
- Welche Struktur und einzelne Elemente weist das Thema auf?
- Welche Beziehungen oder Gesetzmäßigkeiten sind erkennbar/herauszuarbeiten?
- Hat das Thema/der Gegenstand verschiedene Sinn- und Bedeutungsschichten?
- Gibt es Verbindungen zu anderen Themenkreisen oder Strukturen?
- Welche Inhalte sollen vorausgegangen sein/welche folgen?

Als Analyseinstrumente können auch die vorgestellten politikwissenschaftlichen Modelle *(Dimensionen des Politischen, Politikzyklus, Tiefenschichten des Politischen)* genutzt werden (vgl. Ackermann et al.: 2015: 27 ff.; vgl. Massing/Skuhr 1993).

Sozialwissenschaftliche Perspektiven

Zur fachlichen Vorbereitung gehört allerdings nicht nur die ‚rein' politikwissenschaftliche Aufbereitung des Themas, sondern auch die Auseinandersetzung mit der Frage, wie man als Lehrperson mit verschiedenen sozialwissenschaftlichen Denkweisen umgeht. Die Frage ergibt sich aus dem Umstand, dass sich der Fachunterricht integrativ auf Wissensbestände mehrerer Wissenschaften bezieht, die jeweils selbst mit unterschiedlichen disziplinären Denkweisen arbeiten. Dass es einen Unterschied macht, welche sozialwissenschaftliche Perspektiven man anwendet soll im Folgenden am Thema *Migration und Einwanderung* verdeutlicht werden (vgl. Autorengruppe Fachdidaktik 2017: 81 ff.). In den Planungsüberlegungen müssen unterschiedliche Zugänge zu einem Gegenstand oder Problem zusammengeführt und verglichen werden (ebd.: 81):

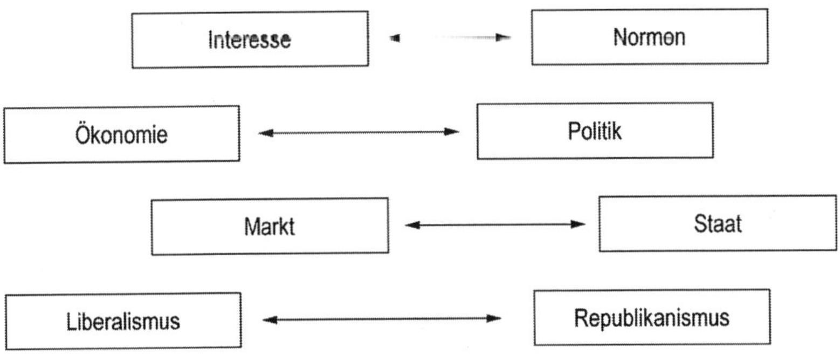

Abb. 2.2: Fachliche Zugänge (Autorengruppe Fachdidaktik, 2016, S. 81)

Im Kontext des Themas Migration und Einwanderung kommt man unter der Perspektive (1) ‚Interessen/Ökonomie/Markt/Liberalismus' im Vergleich zur Perspektive (2) ‚Normen/Politik/Staat/Republikanismus' zu anderen Erkenntnissen (vgl. Mayntz 2009: 31). Beim ersten Zugang wird „die Legitimität der individuellen Eigeninteressen, die Freizügigkeit von Arbeitskräften, die Stiftung von sozialer Ordnung durch Arbeitsmärkte und die Minimierung staatlicher Eingriffe" (Autorengruppe Fachdidaktik 2017: 81) betont. Die zweite Perspektive fokussiert auf den Staat und die Politik als Träger des Gemeinwohls. Die soziale Ordnung wird bspw. durch Regulierung der Arbeitsmärkte gestaltet. Gemeinwohl kann hier auch gegen die Eigeninteressen Vieler (etwa Arbeitgeber*innen, Einwanderungswilliger) durchgesetzt werden (vgl. ebd.: 81).

Es macht also einen Unterschied, ob man Politik als gemeinwohlorientierte Steuerung versteht oder ob Politik als Mittel von Herrschaftsausübung und -sicherung mit dem Ziel der Macht verstanden wird. Es ist daher auch bedeutsam, mit welcher Perspektive bzw. mit welchem Zugang ein Thema im Unterricht präsentiert und bearbeitet wird. Das können Lernende aber nur dann erkennen, wenn sie die Möglichkeit haben, unterschiedliche (sozialwissenschaftliche) Denkweisen an einem Unterrichtsthema zu vergleichen und das Spannungsverhältnis zwischen den beiden hier idealtypisch konstruierten Polen zu erkennen. Auch wenn es sich nicht immer für jede Unterrichtseinheit einplanen lässt, sollten Lehrende in ihrer Unterrichtsplanung versuchen, unterschiedliche wissenschaftliche Perspektiven bei der Konstruktion der Themen für den Unterricht zu reflektieren (vgl. ebd.: 81 f.; vgl. Hedtke 2005: 25 ff.).

Übungsaufgaben

2.1) Skizzieren Sie in eigenen Worten die Überlegungen, die für die Planung einer Unterrichtseinheit vollzogen werden müssen.

2.2) Beschreiben Sie, was die Ziele der Bedingungsanalyse sind und welche Bedingungen bei der Unterrichtsplanung berücksichtigt werden.

2.3) Welche Chancen und Herausforderungen bringt eine heterogene Lerngruppe für den Fachunterricht mit sich? Mit welchen Methoden kann der Heterogenität entsprochen werden? Nennen Sie min. zwei Beispiele.

2.4) Erläutern Sie anhand eines selbstgewählten Beispiels, welche Implikationen die jeweilige Perspektive für den fachlichen Zugang hat: *Perspektive (1): Interessen / Ökonomie / Markt / Liberalismus* und *Perspektive (2): Normen / Politik / Staat / Republikanismus.*

3. Planen und Gestalten

Thema der Unterrichtseinheit

Bittet man Student*innen, Referendar*innen, aber auch Lehrer*innen das *Thema* einer Unterrichtseinheit zu benennen, erhält man als Antwort häufig ein inhaltsbezogenes Stichwort, das lediglich einen Gegenstand der Politikwissenschaft repräsentiert (z.B. *Demokratie*, *Europäische Union* oder *Wahlen*), aber als ‚Thema' des Unterrichts verstanden wird. Die Planung des Unterrichts sieht dann meist so aus, dass inhaltliche Aspekte und Materialien zum ‚Themenstichwort' gesammelt und auf die Unterrichtsstunden verteilt werden. Die Folge ist, dass eine kaum zu bewältigende Menge an ‚Unterrichtsstoff' entsteht und der Unterricht zu einem Abarbeiten von Einzelaspekten wird, ohne dass sich für die Schüler*innen ein innerer Zusammenhang erschließt (vgl. Autorengruppe Fachdidaktik 2017: 106f.).

Die Funktion eines *Unterrichtsthemas* jedoch liegt darin, für Schüler*innen nachvollziehbar zu machen, womit sich die Unterrichtseinheit beschäftigen wird und mit welchen Intentionen und Zielen sie verbunden ist: *Welches Problem soll geklärt, welche Frage beantwortet, welcher Zusammenhang verstanden werden?* Bereits in der Formulierung eines Unterrichtsthemas sollte daher genau diese Perspektive enthalten sein. Es geht also um die Verbindung inhaltlicher *und* intentionaler Aspekte. Bezogen auf das Stichwort *Europäische Union* wäre das Thema dann bspw. „Soll die Türkei Mitglied der EU werden?" oder „Das Glühbirnenverbot – europäische Regelungswut oder sinnvoller Umweltschutz?" (ebd.: 108f.). Zum Themenfeld Internationale Beziehungen und Menschenrechte könnte ein Thema z.B. lauten: „Der Fall Snowden – eine transatlantische Beziehungskrise?" und zum Themenfeld Sozialpolitik wäre das Thema „Hartz IV: zwischen Fürsorge und Eigenverantwortung" (ebd.: 115) möglich.

Neben der Auswahl, Strukturierung und Entwicklung des Unterrichtsthemas gehören zu den Planungsüberlegungen auch die Einteilung des Unterrichts in Phasen, die Konstruktion von sinnvollen Lernaufgaben und die Frage nach der Leistungsbewertung.

3.1 Zur Relevanz didaktischer Prinzipien im Kontext der Unterrichtsplanung

Funktionen didaktischer Prinzipien

Prinzipien (von lat. *Principium:* Anfang, Beginn, Ursprung, Grundsatz) sind Grundsätze, nach denen Menschen ihr Denken und Handeln ausrichten. Übertragen auf die Unterrichtsplanung und -gestaltung können *didaktische Prinzipien* als eine Art Werkzeuge verstanden werden, die dabei helfen, zu identifizieren und auszuwählen, was aus einem politisch-gesellschaftlichen Bereich für den Unterricht und die Lernenden bedeutsam ist. Das kann ein politisches Problemfeld, ein bedeutsames Ereignis oder ein Konflikt sein.

Um also aus der komplexen Vielfalt der politischen Phänomene Themen für Unterrichtsvorhaben zu entwickeln, bietet es sich an, politikdidaktische Prinzipien zu nutzen. Politikdidaktische Prinzipien ermöglichen es, durch die Verbindung eines Inhaltsbereichs mit einer Perspektive, ein Thema zu entwickeln und in Form einer Frage, einer Problemstellung oder einer Aufgabe zu formulieren (vgl. Sander 2013: 190). Für den Fachunterricht können verschiedene didaktische Prinzipien geltend gemacht werden. Im Folgenden werden die didaktischen Prinzipien aufgeführt, die in der fachdidaktischen Community weitgehend geteilt werden:

Politikdidaktische Prinzipien

- Schüler*innenorientierung
- Kontroversität
- Wissenschaftsorientierung
- Handlungsorientierung
- Problemorientierung
- Exemplarisches Lernen (Fallorientierung)
- Konfliktorientierung

Die sieben Prinzipien beschreiben unterschiedliche didaktische Zugänge, um sich mit Politik, Gesellschaft und Wirtschaft im Unterricht auseinanderzusetzen. Sie können sich in der Unterrichtsplanung und -praxis ergänzen und überschneiden. Es ist sogar wünschenswert, wenn ein Unterrichtsvorhaben mehrere didaktische Prinzipien einbezieht. In der Praxis des Fachunterrichts sollten insgesamt über Zeit betrachtet – je nach inhaltlichem und methodischem Schwerpunkt einer Unterrichtseinheit – alle didaktischen Prinzipien berücksichtigt worden sein. In der Fachdidaktik gibt es unterschiedliche Vorschläge, die Funktion und Relevanz von didaktischen Prinzipien zu beschreiben (vgl. dazu Sander 2013: 189 ff.; vgl. Reinhardt 2018: 12, 78 ff.).

Die Prinzipien *Problemorientierung*, *Fallorientierung* bzw. *exemplarisches Lernen* und *Konfliktorientierung* werden in den nachfolgenden Unterkapiteln ausführlicher und mit konkretem Bezug zur Planung einer Unterrichtseinheit vorgestellt. Die Prinzipien *Schüler*innenorientierung*, *Kontroversität*, *Wissenschaftsorientierung* und *Handlungsorientierung* können als übergreifende, jede Unterrichtsplanung betreffende Prinzipien verstanden werden.

Übergreifende didaktische Prinzipien

Schüler*innenorientierung: Unterrichtsgegenstände und -themen sind so auszuwählen und zu strukturieren, dass sie an das Vorwissen der Lernenden anknüpfen und ihre Interessen und (Lebens-)Erfahrungen berücksichtigen (siehe dazu auch Kap. 2.3.1; vgl. Petrik 2014). Für die Unterrichtsplanung bedeutet dies, die Alltagsvorstellungen und -theorien, die von den Jugendlichen zum Verständnis politischer Phänomene herangezogen werden, zu antizipieren, um sie im Unterricht mit komplexeren wissenschaftlichen Theorien und/oder politischen, sozialen und wirtschaftlichen Strukturen ins Gespräch zu bringen.

Kontroversität: Unterrichtsgegenstände und -themen sind so auszuwählen und zu strukturieren, dass die kontroverse Struktur des Politischen deutlich wird. Da nie alle kontroversen Positionen im Unterricht abgebildet werden können, müssen Lehrer*innen sachkundig und gut begründet auswählen und entscheiden. Die zentrale Frage ist dabei, welcher Ausschnitt aus Politik und Gesellschaft sich anbietet, Lernenden in typischer Weise grundlegende Kontroversen verstehbar zu machen (vgl. Grammes 2014: 266 ff.; vgl. Sander 2013: 196 f.).

Wissenschaftsorientierung: Unterrichtsgegenstände und -themen sind so zu thematisieren und zu bearbeiten, „dass das […] angebotene Wissen und der methodische Umgang mit ihnen vor dem Hintergrund der Sozialwissenschaften verantwortbar ist" (Sander 2013: 199). Das heißt, wissenschaftliche Theorien und Forschungsergebnisse müssen zutreffend dargestellt, Fachbegriffe richtig verwendet und wissenschaftliche Erkenntnisse nicht absichtsvoll ignoriert werden. Insbesondere für die gymnasiale Oberstufe und ihrem wissenschaftspropädeutischen Charakter heißt Wissenschaftsorientierung auch, Schüler*innen zu ermöglichen, erste, grundlegende Fähigkeiten im Umgang mit sozialwissenschaftlichen Methoden (z. B. Datengewinnung und -auswertung im Sinne empirischer Sozialforschung, Arbeit mit historischen Quellen und wissenschaftlichen Originalschriften) zu erwerben (siehe dazu auch Kap. 2.3; vgl. Juchler 2014: 284 ff.; vgl. Reinhardt 2018: 187 ff.; vgl. Sander 2013: 199 f.).

Handlungsorientierung: Unterrichtsgegenstände und -themen sind so zu thematisieren und in aufgabenhaltige Situationen zu übersetzen, dass Schüler*innen die Möglichkeiten zu einem „aktiv-handelnden Umgang mit ihnen erhalten" (Sander 2013: 198). Dieses didaktische Prinzip bietet also vor allem ein Kriterium für die Auswahl von Methoden zur aktiven Gestaltung von zur Selbsttätigkeit auffordernden Lernwegen (siehe dazu auch Kap. 4.1; Sander 2013: 198 f.; Reinhardt 2014: 275 ff. und Reinhardt 2018: 110 ff.).

3.2 Problem-, Fall- und Konfliktorientierung

Im Folgenden soll die Perspektivierung eines politischen Phänomens exemplarisch an den didaktischen Prinzipien der *Problemorientierung*, der *Fallorientierung* bzw. des *exemplarischen Lernens* und der *Konfliktorientierung* skizziert werden.

3.2.1 Problemorientierter Unterricht

„Lerngegenstände sollten so ausgewählt werden und strukturiert werden, dass der Problemgehalt des Politischen erkennbar werden kann" (Sander 2013: 194).

Der Unterricht und dessen Planung beginnt hier mit der Frage, was überhaupt ein politisches Problem ist und welche Aufgabe der Politik zukommt, das Problem zu lösen. Ausgangspunkt für einen problemorientierten Unterricht sind häufig erfahrungsnahe soziale Probleme der Lebenswelt von Schüler*innen, die sich bei näherer Betrachtung aber zugleich als gesamtgesellschaftliche politische Probleme entpuppen. Im Unterricht erfolgt die Bearbeitung durch die sogenannte Problemstudie, die fünf bzw. sechs Schritte umfasst:

Schritte der Problemstudie

1. *Definition:* Worin besteht das Problem? (Definieren des Problems im sozialen Prozess der Gruppe/Klasse)
2. *Ursachen:* Wie ist das Problem entstanden? (z.B. historische und strukturelle Ursachen/Hintergründe)
3. *Interessen:* Wessen Interessen werden durch das Problem berührt? (z.B. Gruppeninteressen, subjektive Interessen)
4. *‚Lösungen':* Welche Lösungen des Problems sind denkbar/möglich? (z.B. realistische und utopische Lösungen unterscheiden/durchspielen)
5. *Konsequenzen:* Welche Bedeutungen haben die Lösungen für …? (z.B. indirekt und akute Betroffene, Beteiligte)

6. (*Entscheidung:* Wo stehe ich? Wo stehen wir?) (Reflexion über die eigene Beurteilung des Problems nicht mehr nur auf Grund von Ursachenzuschreibung)

(Reinhardt 2018: 109)

Als inhaltliches Beispiel ließe sich hier das Tragen des Kopftuches im Unterricht durch muslimische Lehrkräfte anführen, das in mehreren Bundesländern konkret politisch entschieden werden musste. Das Problem kann hier im Spannungsfeld von ‚Glaubensfreiheit versus Neutralitätspflicht von Staatsdienern' beschrieben und entlang der Klage einer muslimischen Lehramtsbewerberin bearbeitet werden (vgl. Reinhardt 2018: 98ff.).

3.2.2 Fallorientierter Unterricht

„Lerngegenstände sollten so ausgewählt werden und strukturiert werden, dass an konkreten politischen Einzelbeispielen verallgemeinerbare Erkenntnisse über Politik gewonnen werden können" (Sander 2013: 193).

Im Folgenden soll an dem Fall einer Familie zum Themenfeld ‚sozialer Abstieg und Armut' die Methode der Fallanalyse in ihrem Verlauf vorgestellt werden. Initial wird den Lernenden eine Reportage über die Familie Krone, die in einer Obdachlosensiedlung lebt, vorgelegt (vgl. Reinhardt 2018: 127ff.). Die Reportage schildert die prekäre Situation der Familie.

Die Fallanalyse erfolgt in vier Schritten mit jeweiligen Leitfragen:

Schritte der Fallanalyse

1. *Außenbetrachtung:* Worum geht es? Wer ist beteiligt? Was sind die Ursachen? Wie ist die Lage? Welche Ziele und Mittel sind erkennbar? Situation und Umstände der Familie? Vorgeschichte?
2. *Innenbetrachtung:* Hineinversetzen in die Lage der betroffenen (und handelnden) Personen (soziale Perspektivenübernahme). Mögliche Gedanken und Gefühle der Person? Wie geht es den erwachsenen Akteuren? Was fühlen die Kinder? Sorgen und Ängste?
3. *Politische Urteilsbildung:* Die Betroffenheit, die in der 2. Phase entstanden ist, führt zu der Frage, ob politisches Handeln dem Problem der Akteure im Fall helfen kann. Hier erfolgt eine erste Abstraktion, indem der Fall daraufhin betrachtet wird, welche politischen Lösungen wünschbar und möglich sind. Spannungsfeld: Frage nach Eigenverantwortung und Verantwortung des Staates. Prozesse des Abwägens.
4. *Generalisierung:* Hier geht es um die Frage, ob die betroffenen Menschen des Falls auch für andere Menschen (in anderen Situationen)

stehen. Möglicherweise repräsentieren sie gesellschaftliche Gruppen. Welches politische/gesellschaftliche Problem verbirgt sich hinter dem Fall? Welche Bedeutung hat Armut für das Leben von Menschen?

(Reinhardt 2018: 130)

3.2.3 Konfliktorientierter Unterricht

„Lerngegenstände sollten so ausgewählt und strukturiert werden, dass die kontroverse Struktur des Politischen erkennbar wird.“ (Sander 2013: 196).

Das folgende Unterrichtsbeispiel zeigt, wie mit der Methode ‚Konfliktanalyse‘ und dem Verfahren des ‚Entscheidungsspiels‘ der Themenbereich ‚Internationale Politik‘ didaktisch perspektiviert werden kann: Das Unterrichtsthema lautet: „Weltweit einheitliche Sicherheitsstandards für Atomkraftwerke?“ (Thormann, Wittig 2014).

Nach der Atomkatastrophe in Fukushima (Japan) 2011 stellte sich weltweit die Frage, wie solche Katastrophen zukünftig verhindert werden können. Sicherheitsstandards der Internationalen Atomenergie-Organisation (IAEO, englisch IAEA) hängen bezüglich ihrer Umsetzung von nationalen Entscheidungen ab. Im Rahmen der Fukushima-Konferenz 2011 wurden Neuregelungen beraten. Der verabschiedete Aktionsplan sieht allerdings vor, dass die Atomsicherheit weiterhin in nationaler Verantwortung verbleibt. Aufgrund gravierender Interessenkonflikte konnte keine andere Einigung erzielt werden. Diese Ausgangssituation wird für den Unterrichts- und Lernprozess zugrunde gelegt. Die für den Unterricht vorgesehene Konfliktanalyse in Verbindung mit einem Entscheidungsspiel sieht folgende Phasen vor:

Schritte der Konfliktanalyse

1. *Konfrontation* mit dem internationalen Konflikt
2. *Analyse des Konflikts* mithilfe von Leitfragen (in Gruppen, anhand von Texten und weiterer Materialien wird das notwenige Wissen um Institutionen und Positionen erworben)
3. *Individuelle Stellungnahmen* (aus den Gruppen)
4. *Entscheidungsspiel:* Die Konfliktparteien (repräsentiert durch Schülergruppen) verhandeln eine mögliche ‚Lösung‘ der Streitfrage. Im Unterricht wird dazu die Situation im Gouverneursrat der IAEA simuliert. Sechs Schülergruppen repräsentieren sechs Mitgliedsaaten und deren Interessen. Die größte Herausforderung während der ‚Konferenzphase‘ stellt die gemeinsame Entscheidungsfindung nach dem Mehrheitsprinzip dar.

5. *Reflexion:* Distanzierung von den Rollen und Reflexion über das Zustandekommen der Entscheidung.
6. *Generalisierung:* inhaltliche Reflexion bezüglich des Spannungsfeldes ‚internationale Sicherheit versus (national)staatliche Souveränität'.

(Thormann, Wittig 2014)

Ein weiteres Beispiel ist die Unterrichtseinheit von Andreas Dietz (2004) zum Thema ‚Gibt es ein Recht auf Verschmutzung?'. Nachfolgend ist zur Illustration das Planungsskript dieser Unterrichtseinheit abgebildet (Abb. 3.1). In einer ähnlichen Phasierung wie im obigen Beispiel ist die konfliktorientierte Unterrichtseinheit auf ca. acht Unterrichtsstunden angelegt.

Unterrichtseinheit und -materialien herunterladen:

Phasen	Arbeitsschritte	Materialien
Konfrontation und erste Stellungnahmen	Die Schülerinnen und Schüler werden mit dem Dilemma konfrontiert. Sie beziehen reihum Stellung dazu.	M1: Zeitungsartikel „Arme fordern Recht auf Verschmutzung" (Folie und Kopien)
Konfliktanalyse und zweite Stellungnahme Phasen I und II zusammen 3 bis 4 Stunden	Es werden Gruppen gebildet, die arbeitsteilig den Konflikt analysieren. Jede Gruppe erhält die Aufgabe, zwei bzw. drei Leitfragen (Kategorien) zum Konflikt zu beantworten und die Ergebnisse auf Papierbögen übersichtlich festzuhalten.	M2: Mensch beeinflusst Klima M3: Indien: Wirtschaft, Umwelt M4: Kyoto-Protokoll M5: Konferenz von Neu-Delhi (Kopien) Papierbögen, Filzstifte, Magneten oder Klebestreifen
	Gruppe 1: • Wer streitet mit wem? • Worum geht es konkret? Gruppe 2: • Welche Wünsche und Bedürfnisse bestimmen wessen politisches Handeln? • Welches Teilinteresse wird mit welchem Gesamtinteresse verdeckt? • Wer hilft wem und warum? Gruppe 3: • Welche geschichtlichen Hintergründe hat der Konflikt? • Welche rechtlichen Regelungen beschränken das Handeln? Gruppe 4: • Welche Bedeutung hat die Moral in dem Konflikt? • Welche Werte stehen sich gegenüber? → Am Ende werden alle Bögen an der Tafel oder Wand aufgehangen. Jede Gruppe präsentiert ihre Ergebnisse. Die Schüler werden gebeten, erneut Stellung zu beziehen: Hat sich die Beurteilung des Konflikts/Dilemmas geändert? Die individuellen Entscheidungen müssen mit Argumenten begründet werden!	

Phasen	Arbeitsschritte	Materialien
Kontroversverfahren und Auswertung 1 bis 2 Stunden	Eine Pro-/Kontra-Diskussion über die Frage, wie sich Indien verhalten sollte, wird organisiert, wobei der Lehrer als Moderator auftritt. Zum Abschluss der Diskussion wird eine Abstimmung über das Dilemma herbeigeführt. Die Argumente aus der Diskussion (Lehrer führt Protokoll) werden ausgewertet: • Was ist der Wertekonflikt? • Welche generellen Probleme liegen dem Konflikt zugrunde?	
Lösungsansätze Hausaufgabe und 1 Stunde	HA: Die Schüler suchen Lösungsansätze für das Dilemma, die sie im Unterricht präsentieren. Nachhaltigkeit muss dabei auf Möglichkeiten der Verwirklichung und auf Werte hin untersucht werden (Diskussion).	M6: Gerechtigkeit und Ökologie (Kopien)
Systematisierung und Reflexion 1 Stunde	Erarbeitung (Unterrichtsgespräch) z. B. • Was sind Möglichkeiten und Grenzen gemeinsamen Vorgehens der Länder? • Welche Rolle können die Vereinten Nationen spielen? • Welche Vorteile hat die Unterrichtsreihe für die Einzelnen gebracht (Auseinandersetzung mit Werten)? • Was war gut? Was sollte verbessert werden?	

Abb. 3.1: Gibt es ein Recht auf Verschmutzung? Eine konfliktorientierte Unterrichtseinheit zum Dilemma Ökologie vs. Gerechtigkeit (Dietz 2004: 102)

3.3 Die Phasen des Unterrichts

Zur Planung gehören im Weiteren, wie bereits in der Darstellung der konfliktorientierten Unterrichtseinheit angedeutet, die Einteilung des Unterrichts in Phasen, die Konstruktion von sinnvollen Lernaufgaben und die Frage nach der Leistungsbewertung.

Grundlegende Phasen: Beginn, Erarbeitung, Schluss

Unterrichtseinheiten und -stunden müssen zeitlich strukturiert und in sinnvolle Arbeitsschritte gegliedert werden. Die allgemeine schul- und unterrichtsbezogene Didaktik (bspw. Meyer 2016b) und die Politikdidaktik (bspw. Achour et al. 2020b; Jansen 1997) haben dazu verschiedene Schrittfolgen des Lernens vorgelegt. Es scheint allerdings plausibler zu sein, davon auszugehen, dass sich Lernende einen Unterrichtsgegenstand auf unterschiedliche Arten und Weisen erschließen können. Letztlich gibt es nur drei grundlegende Phasen, die in jedem geplanten Unterricht vorkommen: die Phase des *Beginnens*, die Hauptphase der *Erarbeitung* und die *Schlussphase* (vgl. Sander 2013: 239 ff.).

Sibylle Reinhardt merkt diesbezüglich allerdings an, dass diese Einteilung der Unterrichtsphasen in nur drei Unterrichtsschritte zu allgemein und fachdidaktisch unpräzise sei, um die Dynamik des Lernens im Fachunterricht zu erfassen. Eine zusätzliche Unterteilung in ‚Erarbeitung I' und ‚Erarbeitung II' schafft hierbei keine Abhilfe. Wie eine kleinschrittigere Phasierung des Unterrichts erfolgen und dargestellt werden kann, wurde anhand der konfliktorientierten Unterrichtseinheit (Abb. 3.1, Kap. 3.2.3) von Dietz dargelegt. (vgl. Reinhardt 2018: 231)

Kritik an mehreren Erarbeitungsphasen

Die Phase des Beginnens definiert, um was es gehen und wie gearbeitet werden soll. Das gilt im Übrigen auch für den ‚negativen' Fall, dass die Lehrperson einfach ‚anfängt' und die Schüler*innen im Unklaren darüber lässt, was der Plan für die Stunde bzw. für die Unterrichtseinheit ist (vgl. Sander 2013: 240).

Einstieg

Der Beginn einer Unterrichtseinheit und auch einer Unterrichtsstunde lässt sich am genauesten planen. Die Anfangssituation ist sorgfältig zu planen, da in dieser Phase die Regeln und das Vorgehen festgelegt werden, die in der Folgezeit das Arbeiten am Thema bestimmen. Ziel von Unterrichtseinstiegen ist es, die Aufmerksamkeit zum Thema hinzulenken und die Bereitschaft der Lernenden hervorzurufen, sich auf den Lernprozess einzulassen. Für alle Beteiligten ist es wichtig, Klarheit zu haben und zwar in Bezug auf folgende Aspekte: das genaue Thema, die Aufgaben jeder*jedes Einzelnen, das methodische Vorgehen, die Materialien und Medien und die Ziele des Lernvorhabens (vgl. Gautschi 2000: 114 f.).

Zielklarheit und Transparenz bedeutet aber nicht, dass nur die Lehrperson *ihre* Ziele durchsetzt. Genauso ist es möglich, dass das Lernvorhaben in Abstimmung mit den Adressaten, also den Schüler*innen, kooperativ abgestimmt wird. Ein Beispiel dazu liefert Sander (2013: 229): Die Unterrichtseinheit im Umfang von acht Doppelstunden wurde 1996 im Rahmen eines Oberstufenkurs eines Gymnasiums durchgeführt. Die erste Doppelstunde diente der gemeinsamen Planung und lief in folgenden Schritten ab:

- Brainstorming (schriftlich in Einzelarbeit) zum Stichwort ‚DDR'
- Kleingruppenarbeit: gegenseitige Vorstellung der notierten Stichworte, Einigung auf bis zu 10, die nach Ansicht der jeweiligen Gruppe für die Bearbeitung im Unterricht als interessant und wichtig erschienen, Übertragung dieser ausgewählten Stichworte auf Moderationskarten und Befestigung an der Tafel

- Klassenplenum: Wo nötig, kurze Erläuterung der Stichworte und argumentativer, mehrstufiger Entscheidungsprozess: Ordnung nach zusammengehörigen thematischen Blöcken, Gewichtung mit Klebepunkten, Formulierung von Überschriften zu diesen Blöcken. Auf diese Weise wurden vier Themenbereiche definiert, die in diesem Lernvorhaben bearbeitet werden sollten: Jugend in der DDR, Politik in der DDR, Wirtschaft in der DDR, die Wende und das Ende der DDR.
- Einteilung des Kurses in vier Gruppen und Zuordnung zu den vier Themenbereichen
- Absprachen über das weitere Vorgehen und die Zeiteinteilung.

(Sander 2013: 230)

Für die methodische Gestaltung des Einstiegs gibt es kein universales Rezept. In der Didaktik liegen dazu eine Fülle an Vorschlägen und Empfehlungen vor, die sowohl methodische Anleitungen als auch Reflexionen über verschiedene Einstiegsmethoden und -arrangements anbieten (vgl. bspw. Frech 2020a; vgl. Greving/Paradies 2012: 8 ff.; vgl. Gudjons 2000: 43 ff.; vgl. Mattes 2006: 27 ff.).

Erarbeitung

Die Hauptphase der Erarbeitung lässt sich in mehrere Arbeitsphasen gliedern, für die es wiederum keine einheitliche Systematik gibt. Entscheidend für die Planung dieser Phase sind ihre Schlüssigkeit und Transparenz. Die geplanten Arbeitsphasen müssen den Zielen und den sachlichen Anforderungen des Themas entsprechen und für die Lernenden nachvollziehbar sein. Die Erarbeitung erfolgt nicht nur entlang einer inhaltlichen Gliederung, sondern auch nach jeweiligen (Teil-) Aufgaben mit jeweils unterschiedlichen Methoden und Medien. Die Leitfrage für die Planung lautet: „In welchen Situationen können und sollen die Adressatenversetzt werden, um bestimmte Aufgaben erfolgversprechend bearbeiten zu können?“ (Sander 2013: 240). Es bietet sich an, die Strukturierung der Erarbeitungsphase entlang von Grundsituationen des Lernens mit jeweils entsprechenden Methoden zu organisieren (dazu Kap. 4.1.2).

(Ab-)Schluss

Ziel des Abschließens ist es, den Lern- und Unterrichtsprozess rückblickend zu sichern und zu festigen. Zugleich geht es aber auch darum, einen Transfer des erworbenen Wissens und der erworbenen Fähigkeiten für die nächsten Unterrichtseinheiten anzubahnen (vgl. Gautschi 2000: 170).

Auch der Abschluss des Unterrichts kann unterschiedlich gestaltet werden. In die Schlussphase gehören die Zusammenfassung und ggf. die

Ergebnispräsentation oder Veröffentlichung der Arbeitsergebnisse. Der Abschluss kann aber auch in Form einer kontroversen Abschlussdebatte erfolgen. Und auch die Leistungsbewertung, z.B. als Klausur oder schriftliche Hausarbeit kann zum Abschluss eines Lernvorhabens gehören (vgl. Sander 2013: 241). Neben dem inhaltlichen Abschluss, sollte auch ein evaluativer Abschluss des Unterrichts eingeplant werden, der in Form einer gemeinsamen Reflexion des Lernvorhabens erfolgt. In diesem ‚Sprechen über den Unterricht' können bspw. folgende Fragen relevant sein: *Was ist gut gelaufen? Welche Probleme sind aufgetaucht? Und woran hat es gelegen? Was waren die Stärken und Schwächen, der eingesetzten Medien/Materialien und des methodischen Vorgehens? Haben wir die Ziele erreicht? Wie war das Arbeitsklima? Was kann in der nächsten Unterrichtseinheit besser gemacht/verändert werden?* (vgl. Ackermann et al. 2015: 103).

3.4 Lernaufgaben

Lernaufgaben stellen formulierte Anforderungssituationen für den Unterricht dar, durch die Lernprozesse aktiviert werden sollen. Lernaufgaben tragen entscheidend zur Unterrichtsqualität bei (vgl. Blömeke et al. 2006). Als Anregung kann folgende Typologie von Aufgabenformaten dienen:

Typen von Aufgaben

- *Diagnostische Aufgaben* können Lehrpersonen einen Zugang zu den Konzepten und Vorstellungen der Lernenden geben und damit wichtiger Ausgangspunkt für Lernprozesse sein.
- Durch *problemorientierte Aufgaben* üben Schüler*innen den Umgang mit der Analyse von komplexen realpolitischen Problemen.
- *Aufgaben, in denen Verantwortung übernommen werden muss*, z.B. für die Gestaltung eines Ausflugs oder einer Aufgabe im sozialen Umfeld der Schule.
- *Diskussionsaufgaben*, um Schüler*innen die Vielfalt möglicher Positionen und Argumentationen zu verdeutlichen.
- *Erkundungsaufgaben* geben Lernenden die Möglichkeit, politische und soziale Phänomene in Alltagssituationen zu erkennen.
- *Forschungsaufgaben* ermöglichen Schüler*innen erste Erfahrungen mit sozialwissenschaftlichen Methoden.
- *Gestaltungsaufgaben* geben Lernenden die Gelegenheit Ideen und Konzepte oder Befunde zu präsentieren.
- *In Vermittlungsaufgaben* übernehmen Schüler*innen die Verantwortung der Vermittlung spezifischer Inhalte an andere.

- *Interaktionsaufgaben* ermöglichen Lernenden einen Zugang zu den eigenen und fremden Konzepten in Interaktionen.
- *Interventionsaufgaben* machen echtes gesellschaftliches Handeln außerhalb oder politisches Handeln innerhalb der Schule nötig.

(vgl. Autorengruppe Fachdidaktik 2017: 170)

Qualität von Aufgaben

Lernaufgaben müssen für jede konkrete Unterrichtsituation immer wieder neu überlegt und konzipiert werden. Das heißt, dass in der Unterrichtsplanung angedachte Aufgaben bereits nach ihrem bildungs-, motivations- und lerntheoretischen Gehalt befragt werden müssen. Um die Qualität von Aufgaben zu bestimmen, eignet sich das folgende Modell von Blömeke et al. (2006), welches hier politikdidaktisch erweitert wurde (Abb. 3.2.). Es dient der Sensibilisierung und Selbstüberprüfung konkreter Aufgabenstellungen (vgl. Autorengruppe Fachdidaktik 2006: 170).

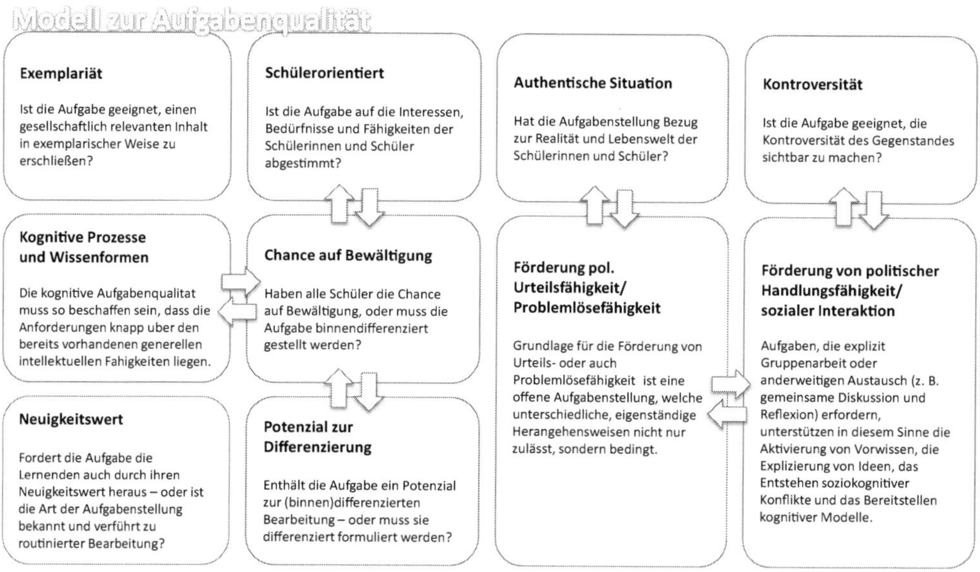

Abb.: 3.2: Modell zur Aufgabenqualität in Anlehnung an Blömeke et al., 2006, hier entnommen aus Autorengruppe Fachdidaktik 2017: 172.

3.5 Leistungsbewertung

In der schulischen Leistungsüberprüfung geht es um die qualifizierende Beurteilung von Lernergebnissen. Die Beurteilung von unterrichtlichen Leistungen ist allerdings nicht einfach zu vollziehen. Die Gefahr, nur für Noten und die nächste Klassenarbeit zu lernen, ist zwar nicht nur ein Problem für die politische Bildung und seinen Fachunterricht, aber es ist hier besonders virulent:

> Was nur für Noten gelernt wird, wird in der Regel die Ebene der individuellen Konstruktion eines politischen Weltbildes kaum erreichen; die Lerngegenstände verändern mit ihrer Verwandlung in prüfbaren ‚Stoff' ihre Bedeutung, sie gewinnen ihren Sinn dann schnell nur noch aus der Leistungsbewertung. Fatal ist dabei auch, dass die Homogenisierung, die das schulische Ideal der Vergleichbarkeit in der Leistungsbewertung mit sich bringt, die Trivialisierung des Lernens fördert, denn Leistungen von Schülerinnen und Schülern sind umso leichter nach einem einheitlichen Muster bewertbar, je weniger individuell und je weniger komplex sie sind: Die richtige Wiedergabe der Zahl der Bundestagsabgeordneten, des formellen Wahlverfahrens und der Ergebnisse von Bundestagswahlen sind nun einmal leichter in standardisierter Form zu bewerten als die Urteilsbildung zu der Frage, ob es einer Ergänzung der repräsentativen Demokratie des Grundgesetzes durch Volksabstimmungen bedarf, aber eine solche Urteilsbildung ist für die politische Bildung weitaus wichtiger als lexikalisches Wissen. (Sander 2013: 245; vgl. dazu auch Deichmann 2009)

Herausforderungen der Leistungsbewertung

Vor diesem Hintergrund stellt sich für den Fachunterricht die Frage nach der Entwicklung einer neuen Kultur der Leistungsbewertung. Folgende Aspekte sind bedeutsam (vgl. Sander 2013: 246 f.):

- *Von reproduktiven Leistungen zur selbstständigen Urteilsbildung:* Der GPJE-Entwurf für nationale Bildungsstandards beschreibt drei Anforderungsbereiche, die sich für Leistungsbeurteilung nutzen lassen: Wiedergeben, Anwenden und selbstständiges Beurteilen.
- *Von der Stoffabfrage zur Kompetenzorientierung:* Fachliches Wissen ist im Fachunterricht auch weiterhin bedeutsam, allerdings weniger im Sinne eines Abfragens isolierter Wissensbestände als vielmehr zu Förderung der politischen Urteils- und Handlungsfähigkeit.

- *Von vorgegeben Lösungen zu methodischem Handeln:* Es geht darum, Schüler*innen mit ergebnisoffenen Frage- und Problemstellungen zu konfrontieren und weniger darum, bereits bekannte Lösungen reproduzieren zu lassen.
- *Von der Ergebnis- zur Prozessorientierung:* Der Prozess des Lernens selbst muss gegenüber der punktuellen Leistungsbewertung an Gewicht gewinnen. Dazu bedarf es auch eines anderen Umgangs mit Fehlern, die als Lernchancen verstanden werden sollten.
- *Von der Homogenisierung zur Differenzierung:* Gerade der Leistungsbewertung im Fachunterricht der politischen Bildung muss es darum gehen, Schüler*innen darin zu unterstützen, bei der Beurteilung von Politik unterschiedliche Wege zu gehen. Hier muss Differenzierung nicht immer nur Individualisierung heißen, auch Gruppenarbeitsergebnisse können in die Leistungsbewertung einfließen.
- *Vom reinen Fachbezug zur fächerübergreifenden Vernetzung:* Von Fall zu Fall kann es sich anbieten, gemeinsam mit anderen Lehrenden aus anderen Fächern Leistungen zu bewerten, die nicht eindeutig nur dem fachlichen Zusammenhang des Unterrichts zugeordnet werden können.

Formen der Leistungsbewertung

Auch wenn die Klausur als Leistungskontrolle weiterhin im Fachunterricht relevant sein wird, ist doch darauf zu achten, dass sie Aufgabenstellungen enthält, die den Schüler*innen Gestaltungsräume lassen, sowohl was das inhaltliche Ergebnis als auch das methodische Vorgehen betrifft (vgl. ebd.: 247).

Auch in heterogenen Lerngruppen können die Formen der Leistungsüberprüfung und -bewertung variiert werden. So kommen bspw. Referate oder die Bewertung der mündlichen Mitarbeit besonders den kommunikativen Schüler*innen entgegen, während stillere Schüler*innen ihre Leistung besser in Portfolios oder schriftlichen Arbeiten unter Beweis stellen können. Eine weitere Differenzierungsmöglichkeit kann durch das Angebot unterschiedlicher Anforderungsniveaus oder differenzierter Hilfestellungen bei gleichbleibendem Anforderungsniveau erfolgen (vgl. Straßner 2017: 52 ff.). Eine Orientierung bieten hier auch die Anforderungsbereiche, welche die KMK (2005) formuliert hat:

Orientierung an Anforderungsbereichen

Tabelle 3.1: Anforderungsbereiche (AFB) und Operatoren (KMK 2005, S. 15, Darstellung hier nach Straßner 2017: 55)

	Inhalt	Operatoren
AFB I	„… umfasst das Wiedergeben und Darstellen von fachspezifischen Sachverhalten aus einem abgrenzten Gebiet und im gelernten Zusammenhang unter reproduktivem Benutzen geübter Arbeitstechniken."	„aufzählen, benennen, beschreiben, bezeichnen, darlegen, darstellen, nennen, wiedergeben, zusammenfassen" i
AFB II	„umfasst das selbstständige Erklären, Bearbeiten und Ordnen bekannter fachspezifischer Inhalte und das angemessene Anwenden gelernter Inhalte und Methoden auf andere Sachverhalte."	„analysieren, auswerten, charakterisieren, einordnen, erklären, erläutern, ermitteln, erschließen, herausarbeiten, interpretieren, vergleichen, widerlegen"
AFB III	„… umfasst en reflexiven Umgang mit neuen Problemstellungen, den eingesetzten Methoden und gewonnenen Erkenntnissen, um zu Begründungen, Folgerungen, Beurteilungen und Handlungsoptionen zu gelangen."	„begründen, beurteilen, bewerten, diskutieren, entwerfen, entwickeln, erörtern, gestalten, problematisieren, prüfen, sich auseinandersetzen, Stellung nehmen, überprüfen"

Tabelle 3.2: Kompetenzmatrix – Anforderungssituationen im kompetenzorientierten Fachunterricht der politischen Bildung (Straßner 2017: 57)

		Kompetenzbereiche			
		Fachwissen	Politische Urteilsfähigkeit	Politische Sprachfähigkeit	…
Anforderungsbereiche	I	… kann Sachverhalte korrekt und strukturiert darlegen. … kann aus den bereitgestellten Materialien die relevanten Informationen herausarbeiten. …	… kann wertende Aussagen identifizieren und korrekt wiedergeben. …	… kann politische Sachverhalte angemessen verbalisieren. … verwendet Fachbegriffe angemessen. …	
	II	… kann Sachverhalte anwenden und in Beziehung setzen. … kann Gemeinsamkeiten und Unterschiede herausarbeiten. …	… kann politische Urteile gegenüberstellen und Gemeinsamkeiten und Unterschiede benennen. …	… kann situationsbezogen und situationsadäquat politische Sachverhalte kommunizieren. …	
	III	… kann Probleme identifizieren. … kann Sachverhalte einordnen und abgrenzen. …	… kann Problemstellungen differenziert erfassen und diskutieren. … kann eigene Positionen entwickeln und diese argumentativ darlegen. …	… kann politische Kommunikationsstrategien identifizieren, analysieren und hinterfragen. … kann eigene Strategien entwickeln, auf die Kommunikation politischer Sachverhalte von anderen zu reagieren.	

Portfolio

Eine Alternative schriftlicher Leistungskontrollen stellt das Portfolio dar. Solche Lernprozessdokumentationen legen die Schüler*innen über einen längeren Zeitraum an, z.B. im Rahmen einer mehrwöchigen Unterrichtseinheit. Portfolios können unterschiedliche Dokumente enthalten: Protokolle, Thesenpapiere, Berichte, Referatsmanuskripte, Fotos, eigenständig erstellte Schaubilder, Kommentare zu einer gelesenen Lektüre, Wahrnehmung und Bewertung einer Gruppenarbeit. Portfolios können für die Lernenden die Funktion einer Selbstevaluation haben, die ihnen ermöglicht über ihren eigenen Lernprozess zu reflektieren. Portfolios können aber auch zur individuellen Leistungsbewertung genutzt werden (vgl. Sander 2013: 248).

Eine weitere Möglichkeit stellt die Bewertung von Leistungen in Gesprächen dar. Gerade in der politischen Bildung, in der die mündliche Kommunikation eine bedeutende Rolle spielt, bietet es sich an, auch die Möglichkeit von Prüfungsgesprächen (Kolloquien), bspw. in Form der Verteidigung eines Arbeitsergebnisses oder eines Vortrags zu nutzen (vgl. ebd.: 248).

Schließlich können auch durch Schüler*innen hergestellte Handlungsprodukte wie Ausstellungen, schriftliche Dokumentationen oder Videos zur Leistungsbewertung herangezogen werden (vgl. ebd.: 248).

3.6 Sprachbildung als Querschnittsaufgabe

Gerade der Fachunterricht Politische Bildung ist sprachintensiv. Er ist für Lernende auch ein Ort, um Nichtwissen und Nicht-Verstandenes zur Sprache zu bringen, sich damit zugleich seiner selbst zu versichern und sich gleichzeitig mit Unverstandenem auseinanderzusetzen bzw. sich diesem zu öffnen.

Relevanz von Sprachbildung

Auch wenn Sprachbildung für alle Schüler*innen relevant und sinnvoll ist, profitieren vor allem Jugendliche aus sozioökonomisch benachteiligten Milieus von sprachsensiblen Unterrichtsangeboten. Diese erleben – im Vergleich zu Kindern und Jugendlichen aus eher bildungsorientierten Familien – häufig weniger sprachliche Anregung. Zu betonen ist, dass auch für Schüler*innen ‚mit Migrationshintergrund', die Deutsch als Zweitsprache sprechen, nicht der Migrationshintergrund, sondern auch der (familiäre) sozioökonomische Status ausschlaggebend ist (vgl. Kniffka 2012: 8).

Kommunikative Fähigkeiten

Die Schüler*innen benötigen die Kommunikation im Unterricht, um sich sprechend mitteilen und zur eigenen Sprache finden zu können. Präzises und differenziertes Artikulieren kann man üben, indem man seine Denkweise zur Sprache bringt und sich damit zugleich auch als handlungsfähig erfährt. Der Sprache kommt damit als Mittel zum Selbstausdruck ein fundamentaler Sinn zu (vgl. Gessner 2014). Nicht zuletzt entscheiden sprachliche Fähigkeiten auch über soziale, politische, wirtschaftliche und kulturelle Teilhabemöglichkeiten in einer Gesellschaft mit. Eine Querschnittaufgabe des Unterrichts ist es also auch, „einen Beitrag zur Verbesserung der Alltagssprache sowie zur Entwicklung hin zur Bildungssprache [zu] leisten [...]" (Achour 2020: 40).

Alltags- und Bildungssprache

Unter *Bildungssprache* ist eine „kognitiv anspruchsvolle, konzeptionell schriftliche Sprache in kontextreduzierten Situationen. *Alltagssprache* ist „inhaltlich einfacher, konzeptionell mündlich und in einen Kontext eingebunden" (Achour/Sieberkrob 2015: 19; vgl. dazu auch Cummins 1981 und 2000). In *kontextreduzierten* Situationen, wie dem Fachunterricht, müssen Inhalte vorwiegend über Sprache (Texte, Vorträge) erworben werden. Die entsprechenden Aufgabenstellungen sind zumeist kognitiv anspruchsvoll und erfordern eine präzise sprachliche Gestaltung. In *kontextgebundenen* Situationen, wie sie im Alltag vorkommen, z.B. beim Einkauf in einer Bäckerei, besteht „keine Notwendigkeit für sprachliche Explizitheit [...], denn bei Nicht- oder Missverstehen des Interaktionspartners kann auf das gewünschte Produkt gezeigt werden" (Kniffka 2012: 212). In der Literatur finden sich diese Merkmale in zwei Dimensionen zusammengefasst: den *Basic Interpersonal Communication Skills* (BICS) und der *Cognitive Academic Language Proficiency* (CALP) (vgl. Tabelle 3.3.).

Tabelle 3.3: Vergleich Alltagssprache – Bildungssprache (nach Achour 2020: 40)

	BICS	CALP
Sprachtyp	vergleichbar mit der Alltagssprache	vergleichbar mit der Bildungssprache
Merkmale	inhaltlich einfacher	kognitiv anspruchsvoll
	Sprache der Nähe	Sprache der Distanz
	in Kontexte eingebunden	in kontextreduzierten Situationen
	konzeptionell mündlich	konzeptionell schriftlich
geprägt durch	Wiederholungen, Gedankensprünge, unvollständige Sätze, grammatikalische Fehler, unpräzisen Wortgebrauch, Füllwörter, zirkuläre Argumentation	Wenige Wiederholungen, keine Gedankensprünge, vollständige und komplexe Sätze, keine grammatikalischen Fehler, präzisen Wortgebrauch, keine Füllwörter, lineare Argumentation

Fachkonzepte

Eine besondere Rolle spielen Fachbegriffe, die mit fachwissenschaftlichen Konzepten verbunden sind. Diese *Fachkonzepte* sind „kognitive Anker, um Politik analytisch zu verstehen: Warum liegt es im Interesse des CDU-Abgeordneten, dass das Betreuungsgeld eingeführt wird? Die Lernenden benötigen ein Konzept der Partei CDU (z.B. konservativ, Familie als Wert, Rolle der Frau bei der Kinderbetreuung), um die politische Forderung des Betreuungsgeldes einordnen zu können" (Achour/Sieberkrob 2015: 21).

Eine durchgängige Sprachbildung ist auch während der Unterrichtsplanung zu berücksichtigen. Praktisch kann das von gezielten Unterrichtsstunden und kleinen Einheiten, z.B. zur ‚Formulierung politischer Urteile' (vgl. Achour/Jordan 2017) über Hilfestellungen für alternative, ggf. präzisere und differenzierte Ausdrucksmöglichkeiten (z.B. *Scaffolding*) bis hin zur Aufforderung an Schüler*innen, ihre sprachlichen Beiträge (in Unterrichtsgesprächen) zu präzisieren, gehen.

Scaffolding

Im Kontext des Fachunterrichts stellt das *Scaffolding-Prinzip* eine gute Möglichkeit dar, Sprachbildung bereits in die Planungsüberlegungen mit einzubeziehen: Beim *Scaffolding* (engl. Baugerüst) geht es darum, dass ein „kompetenter Partner […] dem weniger kompetenten Partner […] durch Interaktion [hilft,] seine kognitiven und sprachlichen Fähigkeiten auszubauen" (Kniffka 2012: 213) hilft. *Scaffolding* ermöglicht ein binnendifferenziertes Vorgehen im Unterricht, bei dem Schüler*innen „vor sprachliche Herausforderungen gestellt [werden], die leicht über ihren sprachlichen Kompetenzen liegen" (Sieberkrob/Chmiel 2017: 26), um ihre fachsprachlichen Kompetenzen weiterzuentwickeln. Mithilfe von *Scaffolds* können Schüler*innen kontinuierlich ihr sprachliches Kompetenzniveau erhöhen (auch Unterrichtsvorschlag (ebd., S. 27ff.).

Tabelle 3.4: Scaffolding am Beispiel ‚Sprachliche Hilfestellungen zum Diskutieren' (Achour/Sieberkrob 2017: 32)

Argumentationsschritt	sprachliche Hilfestellung
Argumentieren: Formuliert abwechselnd eure Überzeugungen Wende Argumente an, um die anderen von einer Meinung zu überzeugen. Begründe deine Meinung, indem du Argumente nennst. Wende rhetorische Figuren an. Entwickele eine eigene Argumentationsstrategie.	Ich halte das für besonders effizient/legitim, weil … Wenn man bedenkt, dass …, dann … Man sollte auf alle Fälle berücksichtigen, dass … …
Verhandeln: Versucht, die anderen von euren, Argumenten zu überzeugen Mit Argumenten Verhandlungsstrategien und Lösungsentwürfe vorschlagen, damit andere sie akzeptieren.	Das finde ich auch transparent, gerecht, demokratisch Das Argument (Frieden, Sicherheit, Freiheit) ist wirklich ein schlagendes Argument. Ich stimme deiner Argumentation zu und denke man könnte noch ergänzen, dass … Das finde ich nicht nützlich/kostensparend/funktional, weil … Das kann ich überhaupt nicht nachvollziehen, weil … Dem kann ich überhaupt nicht zustimmen, weil … …
Entscheiden: Kommt zu einem Ergebnis Sich auf eine Lösung einigen und diese argumentativ begründen Mit Argumenten überzeugen	Wägt man das Für und Wider ab, so kommt man zu dem Ergebnis … Alles in allem zeigt sich, dass … Wir haben uns nach einer längeren Diskussion auf … geeinigt/darauf geeinigt, dass … ….

Merkmale und Prinzipien des Scaffoldings

Für die Planung und Gestaltung von Unterricht können in Anlehnung an Gibbons (2002) folgende Merkmale und Prinzipien des *Scaffoldings* beschrieben werden:

- **Bedarfsanalyse:** Der Sprachbedarf wird aus fachlicher Sicht ermittelt. Dazu können bspw. Unterrichtsmaterialien auf ihre sprachlichen Anforderungen hin untersucht werden. Was und wie viel muss gelesen werden? Enthalten die Texte besondere Schwierigkeiten (z.B. grammatische Phänomene, Fachtermini)?

- **Lernstandsanalyse:** Hier wird der Sprachstand der Klasse oder einzelner Lernender analysiert und mit den sprachlichen Anforderungen (des Unterrichts) verglichen. Wer braucht Unterstützung?
- **Unterrichtsplanung:** Aktivierung des Vorwissens (z.B. Brainstorming, Erfahrungsberichte); geeignetes (Zusatz-)Material auswählen; Lernaufgaben sequenzieren: von der konkreten zur abstrakten Anschauung, vom alltagsprachlich (kontextgebunden) hin zum expliziten (kontextgebundenen) Sprachgebrauch; geeignete Lern- und Arbeitsformen (z.B. kooperative Lerngruppen) festlegen, in denen sprachlich gehandelt werden muss; Darstellungs- und Präsentationsformen auswählen, in den die neuen Inhalte präsentiert werden sollen. Wer benötigt hier kontextuelle Hilfe?; nach Möglichkeiten suchen, Sprache anzureichern anstatt zu vereinfachen, also nicht nur auf den Input achten; Gelegenheiten für metasprachlichen und metakognitiven Austausch einplanen.
- **Unterrichtsinteraktion:** betont die besondere Qualität der Interaktion zwischen Lehrer*in und Schüler*innen; langsamer sprechen; mehr Zeit für Schüler*innenantworten geben; authentische Kommunikationssituationen schaffen, mehr echte Fragen stellen (nicht nur: Lehrer*innenfrage – Schüler*innenantwort – Lehrer*innenfrage); aktives Zuhören, Äußerungen der Lernenden re-kodieren (z.B. passende Fachbegriffe anbieten, eine alternative Ausdrucksweise anbieten); Lehrkraft bringt individuelle Äußerungen der Lernenden in einen größeren konzeptuellen/fachlichen Zusammenhang.

(vgl. Kniffka 2012: 215 ff.)

Übungsaufgaben

3.1) Erläutern Sie die Aussage, dass zur Unterrichtsthemenkonstruktion eine inhaltliche mit einer intentionalen Perspektive verbunden werden muss

3.2) Didaktische Prinzipien:

a) Welche didaktischen Prinzipien zur Unterrichtsplanung haben Sie kennengelernt? Nennen Sie diese und erläutern Sie den jeweilig dahinterstehenden Ansatz am Beispiel eines selbst gewählten Themenfelds.

b) Erläutern Sie, warum die didaktischen Prinzipien Schüler*innenorientierung, Kontroversität und Wissenschaftsorientierung in jeder Unterrichtsplanung berücksichtigt werden sollten.

3.3) Überlegen Sie sich zum Thema ‚Alle entscheiden mit: Mehr Partizipation durch basisdemokratische Elemente?' jeweils eine hypothetische Lernaufgabe zu den Typen ‚diagnostische Aufgaben', ‚Diskussionsaufgaben' und ‚Forschungsaufgaben'.

3.4) Nennen Sie die möglichen Formen der Leistungsbewertung.

Wochenschau-Heft zum Thema ‚Sprachbildung' mit weiterführenden Informationen

4. Unterrichtsmethoden und -medien

Für den Fachunterricht Politische Bildung stehen der Lehrperson viele unterschiedliche Methoden und Medien zur Gestaltung von Lernwegen zur Verfügung. Es gibt eine Fülle an Methodik-Literatur und Medienangeboten mit vielen Anregungen und praktischen Anleitungen zur Umsetzung. Allerdings gibt es bislang wenig empirische Forschung zu den Potenzialen und Grenzen von bestimmten Methoden und Medien. Es gibt es wenig Methoden und Medien, die ausschließlich für die politische Bildung geeignet sind. Letztlich ist bei den Planungsüberlegungen immer im Zusammenhang mit der jeweiligen Lernumgebung, also in Bezug auf das Thema, die Lernvoraussetzungen der Schüler*innen und den institutionellen Bedingungen zu entscheiden, welche Methoden und Medien eingesetzt werden sollen. Vor dem Hintergrund der Kompetenzbereiche *politische Handlungsfähigkeit* und *methodische Fähigkeiten* sind für den Fachunterricht insbesondere Methoden und Medien bedeutsam, die die Selbsttätigkeit der Lernenden in der Auseinandersetzung mit dem Unterrichtsgegenstand fördern (vgl. Sander 2013: 214 f.).

4.1 Zur Rolle von (Unterrichts-)Methoden

Wege des Lernens

Methoden können als Wege des Lernens verstanden werden (vgl. Meyer 2016b: 85 ff.). Sie strukturieren (zeitliche) Abläufe und Regeln für die Begegnung mit dem jeweiligen Unterrichtsgegenstand. Wer Sozialwissenschaften lehrt, gestaltet auch Lernwege, die Schüler*innen in politisches Lernen verwickeln. Zentral für die Auswahl von Methoden für den Fachunterricht ist die Frage, inwieweit eine Methode zu den Zielen bzw. den auszubildenden Kompetenzen und zur didaktischen Perspektive des Unterrichts passt (vgl. Sander 2013: 213; vgl. Ackermann et al. 2015: 118).

Makro- und Mikromethoden

Im Folgenden soll ein grober Überblick über Lernmethoden gegeben werden, um das breite Repertoire an Methoden zu illustrieren: Hierzu werden zunächst *Makromethoden* vorgestellt, d.h. solche Methoden, die eine Verknüpfung politikdidaktischer Prinzipien mit einer bestimmten Methode vorschlagen und leitend für eine ganze Unterrichtseinheit sind (vgl. Autorengruppe Fachdidaktik 2017: 133; vgl. Reinhardt 2018: 78 ff.). Anschließend werden unter *Mikromethoden* solche Methoden vorgestellt, die zur Gestaltung von Lernsituationen innerhalb von Unterrichtsstunden bzw. zur Gestaltung bestimmter Unterrichtsequenzen eingesetzt werden. So kann bspw. die konfliktorientierte Makromethode Pro-Kontra-Debatte im Mittelpunkt der Unterrichtseinheit stehen, während der Vorbereitungsphase kann als Mikromethode bspw. eine Expertenbefragung herangezogen werden, um Argumente der Diskussion herauszuarbeiten.

Methoden-sammlungen

bpb Methodenkiste

Politik & Unterricht

Methodenpool

Auf eine genauere Erläuterung der Methoden bezüglich deren Strukturen, Abläufen und Problemen muss in diesem Rahmen leider verzichtet werden. In der Literatur finden sich dazu aber sehr gute Anleitungen (bspw.: Achour et al. 2020a; Gautschi 2000; Gudjons 2000; Gugel 2006; Meyer 2017; Scholz 2003). Neben diesen gedruckten Werken finden sich im Internet frei zugängliche Sammlungen von Methoden. So etwa in der Methodenkiste der Bundeszentrale für politische Bildung (Scholz 2018), in der Ausgabe der Zeitschrift Politik & Unterricht zu Methoden (Hankele 2015) und in dem – nicht spezifisch auf den Fachunterricht Politische Bildung bezogenen, aber vielfältigen – Methodenpool der Universität zu Köln (Reich 2012).

4.1.1 Makromethoden zur Gestaltung von Lernwegen

Die hier vorgestellten komplexen Methoden verknüpfen politikdidaktische Prinzipien mit einer bestimmten Methodik, die die Verlaufsstruktur und die Art und Weise der Unterrichtseinheit grundlegend bestimmt. Die Verknüpfung eines politikdidaktischen Prinzips mit einer Methode will die Eigenart des Gegenstandes besonders gut zum Ausdruck zu bringen. Die folgende Zusammenschau zeigt dazu einige Beispiele (vgl. Autorengruppe Fachdidaktik 2017: 132 ff.; vgl. Reinhardt 2018: 78 ff.; vgl. Reinhardt 2011):

Didaktische Prinzipien und ‚ihre' Makromethoden

- Konfliktorientierung mit der Methode *Konfliktanalyse:* Konfrontation mit dem Konflikt, Analyse anhand von Leitfragen, Stellungnahmen, Kontroversverfahren, z. B. Pro-Kontra-Debatte (vgl. Kap. 3.2.3).
- Problemorientierung mit der Methode *Problemstudie:* Definition des Problems, Ursachenermittlung, Lösungen durchdenken, Konsequenzen, Entscheidung.
- Handlungsorientierung mit der Methode *Projekt:* Verabredung eines Projekts/gemeinsame Zielsetzung, Planen des Vorgehens, Durchführung, Verwendung/Anwendung der Ergebnisse/des Produkts, Beurteilung und Reflexion.
- Exemplarisches Lernen mit der Methode *Fallanalyse:* Außen-Betrachtung, Innen-Betrachtung, Politische Urteilsbildung, Generali-

sierung. (alternativ: Fallstudie: Konfrontation mit dem Fall, Information, Exploration und Resolution zum Handeln, Disputation/ Verteidigung der Entscheidung, Abgleich mit der Wirklichkeit).

- Zukunftsorientierung mit den Methoden *Zukunftswerkstatt* und *Szenario-Technik*.
- Wissenschaftsorientierung mit den Methoden: Lektüre einer wissenschaftlichen Originalschrift (z.B. Platon ‚Der Staat') und Einsatz sozialwissenschaftlicher Methoden als Lernwege (z.B. eine eigene kleine empirische Studie in Form einer Umfrage durchführen und auswerten).

(vgl. Autorengruppe Fachdidaktik 2017: 135)

4.1.2 Mikromethoden zur Gestaltung von Lernsituationen

Grundformen des Lernens

In der folgenden Übersicht werden den Grundformen des Lernens (vgl. Sander 2013: 201 ff., in Anlehnung an die zwölf Grundformen des Lehrens nach Hans Aebli 2011) exemplarisch verschiedene Mikromethoden zugeordnet. Häufig lassen sich noch viele weitere Methoden finden, die sich diesen Grundformen zuordnen lassen können. Bezogen auf die Planung von Fachunterricht bieten diese Lernsituationen Orientierung, indem sie zur Reflexion anregen, was Schüler*innen in bestimmten Arbeitsabschnitten des Unterrichts tun sollen. Zwölf Grundsituationen des Lernens können unterschieden werden:

Recherchieren	Miteinander sprechen	Etwas darstellen
Aktives Zuhören	Etwas herstellen	Veranschaulichen
Erforschen	Probehandeln	Üben und Wiederholen
Anwenden	Feedback und Evaluation	Selbstreflexion

Abbildung 1: Die zwölf Grundsituationen des Lernens nach Sander (2013: 201 ff.)

(1) Recherchieren: *„Man kann etwas über Politik lernen, indem man sich aus der Quelle über Politik informiert.“* (Sander 2013: 202)

Die Auseinandersetzung sowie die gezielte Auswertung von (politischen) Quellen gehört zu den fundamentalen Lernsituationen innerhalb der politischen Bildung. Die Recherche ist als ein aktiver, reflexiver und kritischer Umgang mit Quellen zu verstehen, der mehr umfasst als bloßen Vorgang des Rezeptierens. Der Prozess muss offen gestaltet sein, sodass die Schüler*innen zu neuen Ergebnissen kommen oder neue Positionen einnehmen können. Vor allem die große Variation von verschiedenen Quellen (analoge, digitale, audiovisuelle, etc.) hinsichtlich ihrer Art und Qualität bietet für die Recherche Chancen. So können Lernende z.B. durch eine face-to-face Befragung oder ein Zeitzeugengespräch neue Positionen und Sichtweisen kennenlernen und eventuelle Vorurteile abbauen (vgl. ebd.). Weitere Methoden und Arbeitsweisen sind: Lesetechniken, Auswertung von Printmedien (Zeitungen, Zeitschriften, Fachbücher, Nutzung von Archiven, Bibliotheken), Auswertung von Rundfunk- und Fernsehsendungen, Informationssuche im Internet, Expertenbefragung (vgl. ebd.: 217)

(2) Miteinander sprechen: *„Man kann etwas über Politik lernen, indem man in Gesprächen mit anderen Menschen Wissen austauscht.“* (Sander 2013: 202)

Die Vermittlung von schulischer politischer Bildung findet in der Regel in festen Gruppen statt. Die dort stattfindenden sprachlichen Interaktionen haben unterschiedliche Funktionen für den Lehrenden und die Lernenden. Die Kommunikation kann durch verschiedene Methoden unterstützt und angeleitet werden, wobei das häufig frontal organisierte „fragendentwickelnde Unterrichtsgespräch“ die Selbsttätigkeit der Lernenden nicht unbedingt fördert. Andere Gesprächsformen eigenen sich hier viel besser, um den Wissenszuwachs, die politische Handlungsfähigkeit und zukünftige Partizipation von Schüler*innen zu verbessern. So können z.B. durch eine Fishbowl-Diskussion die sozialen und kommunikativen Fähigkeiten gefordert und gefördert werden (vgl. ebd.: 202 f.). Weitere Methoden und Arbeitsweisen sind: Moderationsmethode, Sokratisches Gespräch, Podiumsdiskussion, ggf. mit Expertinnen und Experten (vgl. ebd.: 217).

(3) Etwas darstellen: *„Man kann etwas über Politik lernen, indem man anderen etwas Politik präsentiert.“* (Sander 2013: 203)

Hier geht es um einen Rollenwechsel, der bei richtiger Durchführung zu einem hohen Lernerfolg führen kann. Die Darstellung von Inhalten kann dabei in verschiedenen Personen-/Gruppenkonstellationen und durch unterschiedliche Methoden erfolgen. Durch Präsentationen können die Lernenden öffentliches Präsentieren und Referieren üben. Wichtig ist dabei, dass es sich um ‚Ernstsituationen‘ handelt und die vorgestellten Ergebnisse für den weiteren Arbeitsprozess von Bedeutung sind. Benotungsanreize oder reine Pflichtübungen generieren auf langer Sicht keinen großen Lernerfolg (vgl. ebd.: 203 f.). Methoden und Arbeitsweisen sind: Referate, Standbilder bauen, Szenische Präsentationen (Sketche, Pantomime, Theater, Kabarett) (vgl. ebd.: 217).

(4) Aktives Zuhören: *„Man kann etwas über Politik lernen, indem man sich mit dem, was andere über Politik präsentieren (referieren, erzählen), gedanklich auseinandersetzt und dem Vorgetragenen Informationen entnimmt, die in das eigne Wissensnetz integriert werden können.*" (Sander 2013: 204)

Aktives Zuhören ist das Gegenstück zum Präsentieren von Inhalten und erfordert ein hohes Maß an Konzentration. Für einen Lernerfolg müssen die Lernenden im Vorfeld Arbeitstechniken für aktives Zuhören und Mitarbeit kennengelernt haben. Die dargebotenen Inhalte sollten das Interesse der Zuhörer wecken und mit bisherigem Wissen verknüpft werden können. Durch das Zuhören können variierende Inhaltsauffassungen entstehen, wodurch eine Nachbesprechung wichtig ist. Hier bietet sich bspw. ein Zeitzeugeninterview oder -gespräch an (vgl. ebd. 204 f.). Weitere Methoden und Arbeitsweisen sind: Protokoll, mündlicher Bericht über das Gehörte, Fragen an Vortragende formulieren, vorgetragene Positionen vergleichen, ggf. eigene Position erarbeiten (vgl. ebd.: 218).

(5) Etwas herstellen: *„Man kann etwas über Politik lernen, indem man ein Produkt herstellt, in dem sich die Resultate des Lernens dokumentieren.*" (Sander 2013: 205)

Der Vorgang des Herstellens ist mit dem des Präsentierens verwandt. Beide Vorgänge setzen eine hohe Vertrautheit und gute Kenntnis mit dem behandelten Gegenstand voraus. Allerdings muss das hergestellte Produkt für sich allein sprechen können und für einen unbekannten Dritten sinnvoll nutzbar sein. Es kann sich dabei beispielsweise um Videos, Internetauftritte oder um Multimediale-Präsentationen handeln. Durch die Herstellung eines Erklärvideos bspw. müssen sich die Lernenden konkret mit den Inhalten und der späteren Gestaltung auseinandersetzen und haben dadurch einen lang-fristigen Lernerfolg (vgl. ebd. 205 f.). Weitere Methoden und Arbeitsweisen sind: Ausstellung/Dokumentation konzipieren, Internetpublikation realisieren, Video drehen, Hörstück aufnehmen, Schüler*innen-Zeitung publizieren, Lern- und Arbeitsmaterial für andere Schüler*innen erstellen (vgl. ebd.: 218).

(6) Veranschaulichen: *„Man kann etwas über Politik lernen, indem man abstrakte Zusammenhänge anschaulich macht.*" (Sander 2013: 206)

Die Veranschaulichung von politischen Gegenständen kann auf verschiedenen Ebenen erfolgen, bspw. über den Einsatz von visuellen und audiovisuellen Elementen oder durch den Besuch von ‚Lernorten'. Durch die körperliche/sinnliche Auseinandersetzung mit dem Gegenstandbereich können kognitive Verknüpfung geschaffen und Inhalte verdichtet werden. Bspw. können die Lernenden durch den Besuch eines Parlaments ihr gelerntes Wissen über parlamentarische Abläufe mit der Realität vergleichen und verknüpfen (vgl. ebd.: 206 f.). Methoden und Arbeitsweisen sind: Referate und mündliche Beiträge visualisieren (Wandzeitung, Computerpräsentation), komplexe Strukturen in Mind-Maps visualisieren (vgl. ebd.: 218).

(7) Erforschen: „*Man kann etwas über Politik lernen, indem man politisch bedeutsame Situationen selbst erforscht.*" (Sander 2013: 207)

Forschendes Lernen ist innerhalb der Schule nur begrenzt umsetzbar, jedoch können die Lernenden diverse sozialwissenschaftliche Methoden, wie beispielsweise das Interview oder die teilnehmende Beobachtung, kennenlernen und auch anwenden. Es handelt sich dabei um einen aktiven und hohen reflexiven Zugang zu politischen Themen. Dieser ermöglicht den Schüler*innen eine erfahrungsbasierte Urteilsbildung. So können die Lernenden durch Interviews einen neuen Blickwinkel einnehmen und dabei auf sozialwissenschaftliche Methoden zur Bewertung zurückgreifen (vgl. ebd.: 207 f.). Weitere Methoden und Arbeitsweisen sind: Systematisches Beobachten, Erkundungen, Umfragen, z.B. in Form standardisierter Interviews (vgl. ebd.: 218).

(8) Probehandeln: „*Man kann etwas über Politik lernen, indem man politisch bedeutsame Situationen simuliert.*" (Sander 2013: 208)

Davon ausgehend, dass die Lerngruppe heterogen und auf einem unterschiedlichen Leistungs- und Vorwissensniveau ist, können simulierte Debatten für die Vermittlung von politischen Inhalten sinnvoll sein. Voraussetzung für die Durchführung von Simulationen ist eine entsprechende Vorbereitung und Reflexion. Durch Probehandeln können politische Abläufe transparent und verständlich gemacht werden, wobei die vorhandene Problematik immer im Fokus der Übung stehen muss. So können Lernenden bspw. in Planspielen Rollen einnehmen und dadurch politische oder ökonomische Abläufe kennenlernen (vgl. ebd.: 208 f.). Weitere Methoden und Arbeitsweisen sind: Rollenspiele, Talkshows, interaktive Multimedia-Simulationsspiele (vgl. ebd.: 218 f.).

(9) Üben und Wiederholen: *„Man kann in der politischen Bildung erworbene Kompetenzen und neu erlerntes Wissen besser behalten und für sich nutzen, wenn man übt und wiederholt."* (Sander 2013: 209)

Üben und Wiederholen ist unter Lernenden nicht besonders beliebt, für die dauerhafte Festigung von Lerninhalten aber unabdingbar. Ohne eine ausreichende Verankerung von Gelerntem, kann das Wissen verloren oder vermindert werden. Allerdings ist für einen langfristigen Wissenszuwachs wichtig, dass die Lerninhalte mit bereits vorhandenem Wissen verknüpft wird. Durch die Einbindung in Sinnkontexte und durch Erfolgserlebnisse kann der Lernprozess vorangetrieben werden. Durch Puzzle, Rätsel oder Quizze (analog oder digital bspw. mithilfe von Kahoot.com) kann das Lernen spielerisch unterstützt werden (vgl. ebd. 209). Weitere Methoden und Arbeitsweisen sind: Lückentexte, Wortkarteien mit Fachbegriffen, Training öffentlichen Auftretens und Rhetorik (vgl. ebd.: 219).

(10) Anwenden: *„Man kann in der politischen Bildung erworbene Kompetenzen und neu erlerntes Wissen besser behalten und für sich nutzen, wenn man Erlerntes in neuen Situationen anwendet."* (Sander 2013: 210)

Das neu erworbene Wissen muss transferfähig sein, damit es auch auf neue bzw. unbekannte Situationen anwenden lässt. Inhalte und Kompetenzen müssen durch Übungen, Wiederholungen und Anwendungen gefestigt und auch von den Anwendern dekontextualisiert und in neue Kontexte gestellt werden können (vgl. ebd.: 210 f.). Hier gibt es keine weiteren charakteristischen eigenen Methoden. Vielmehr geht es darum, bisher erworbenes methodisches Wissen und die damit verbundenen Handlungsmuster auch auf die Auseinandersetzung mit neuen Lerngegenständen anzuwenden, zu erproben und zu verbessern (vgl. ebd.: 219).

(11) Feedback und Evaluation: *„Man kann besser lernen, wenn man qualifizierte Rückmeldungen über das eigene Lernen erhält."* (Sander 2013: 211 f.)

Feedback und Evaluation meint hier nicht Leistungsbewertung. Vielmehr sollen Lernende mit anderen Sichtweisen konfrontieren werden, die dienlich für den Lernprozess und -erfolg sind. Ein Feedback wird vor allem den Lernenden durch die Lehrperson (oder auch andere Lernende) für eine erbrachte Leistung gegeben. Ein Feedback soll informativ und konstruktiv für Lernen-den sein. Besonders positive Rückmeldungen sind dabei wichtig. Persönliche Angriffe müssen unterbunden und vermieden werden. Feedbacks erfolgen z.B. nach einer Präsentation und können hier zu einer Verbesserung des Vortragsstil (vgl. ebd.: 212). Methoden und Arbeitsweisen sind: Blitzlicht, Videoaufzeichnungen von Lernsituationen, mündliche und schriftliche Rückmeldungen von Lehrenden an Lernende zu deren Arbeitsergebnissen (vgl. ebd.: 219). Evaluationen können von Lehrenden im schulischen Kontext genutzt werden, um den Erfolg oder auch Misserfolg des eigenen Unterrichts durch die Lernenden beurteilen zu lassen. Unterrichtliches Handeln ist komplex und einfache Ursache-Wirkung-Zusammenhänge sind hier nur schwer auszumachen. Gerade deshalb ist es wichtig, den Unterricht zu reflektieren und durch die Lernenden evaluieren zu lassen. Hier bieten sich einfache und komplexe Fragebögen an (vgl. dazu Zurstrassen 2011).

(12) Selbstreflexion: *„Man kann besser lernen, wenn man Wissen über sein eigenes Wissen und Lernen gewinnt und sein Lernen bewusst steuern kann.“* (Sander 2013: 212 f.)

Eine bewusste Selbstreflexion ist unabdingbar für eine Organisation des eigenen Lernens. Selbstreflexion kann selbstständiges Lernen und autonome Lernprozesse unterstützen. Durch klare und transparentente Lernerwartungen oder auch Stundenziele können sich Lernende darüber bewusstwerden, was ihnen der Lerngegenstand selbst bedeutet, wie sie die an sie gestellten Erwartungen erfüllen können und woran der Erfolg der Arbeit bzw. des Lernens zu messen sein wird (vgl. ebd.: 212 f.). Methoden und Arbeitsweisen sind bspw.: Lerntagebuch, Portfolio, Techniken der Arbeits- und Zeitplanung und des Selbstmanagements (vgl. ebd.: 220).

Sozialformen ≠ Methoden

Sozialformen sind keine eigenständigen Methoden, aber jede Methode benötigt eine Sozialform. Sie regeln die Beziehungs- und Interaktionsstruktur im Unterricht. Es gibt: Einzelarbeit, Partnerarbeit, Gruppenarbeit Klassen- bzw. Frontalunterricht sowie verschiedene Formen des Unterrichtsgesprächs. Methoden können mittels verschiedener Sozialformen realisiert werden; einige Methoden benötigen aber auch spezifische Sozialformen (so ist eine Talkshow in Einzelarbeit wenig zielführend). Für die Wahl der Sozialform sind die Erfordernisse der Methoden ebenso wie die Struktur des Lerngegenstand und die Lernziele sowie die soziale Struktur der Lerngruppe relevant. (vgl. Frech 2020b; vgl. Meyer 2017: 182 ff.)

Exkurs: Kooperatives Lernen (Jette Stockhausen)

Think-Pair-Share

Das Konzept des kooperativen Lernens, in diesem Exkurs dargestellt nach Ludger Brüning und Tobias Saum (2007, 2009, 2011), folgt der Zielsetzung, über den methodischen Dreischritt *Denken – Austausch – Vorstellen (Think – Pair – Share)* soziale und personale Kompetenzen der Lernenden zu fördern. Alle Schüler*innen sollen dauerhaft gemeinsam mental aktiv in das Unterrichtsgeschehen eingebunden und gleichzeitig soll eine individuelle Aneignung des Unterrichtsgegenstandes ermöglicht werden (vgl. Brüning/Saum 2011: 5). Es werden folgende lerntheoretische Grundannahmen vorausgesetzt:

- Unterricht kann dann als erfolgreich betrachtet werden, wenn er die Schüler*innen dazu anregt, sich eigenständig und aktiv mit den Lerngegenständen auseinanderzusetzen und
- diese aktive Durchdringung derart stattfindet, dass ein „Wechselspiel aus Anleitung, Darbietung und Erklärung einerseits und andererseits aus Moderation von Unterrichtssituationen, in denen SchülerInnen Wissen selbständig erarbeiten, analysieren, reflektieren und darüber kommunizieren" (ebd.: 11) entsteht.

Folglich ist der Unterricht über eine wiederkehrende Abfolge von Anleitungen unsd Impulsen der Lehrkraft – graduell variierend zwischen der instruierenden und moderierenden Rolle – und längeren Phasen der individuellen und kooperativen Aneignung der Schüler*innen, die auf individueller Verantwortung und wechselseitiger Abhängigkeit basiert, aufgebaut (vgl. ebd.).

Einsatzmöglichkeiten

Das Grundprinzip der Abfolge von *Denken* (die Lernenden arbeiten allein), *Austauschen* (Vergleich und Diskussion von Ergebnissen in Partner- oder Kleingruppenarbeit) und *Vorstellen* (Vorstellung und Diskussion, Korrektur etc. der Ergebnisse in der Klasse) kann in jeder Phase des Unterrichts angewendet werden, bei der Auseinandersetzung mit neuen Inhalten sowie beim Üben und Wiederholen (vgl. Brüning/Saum 2009: 17).

Verlauf

Der erste Schritt des Denkens (Konstruktion) erfolgt in Einzelarbeit und ist als Phase eines nachhaltigen Lernprozesses dahingehend unabdingbar, als dass die Schüler*innen zunächst ihre individuellen Wissensnetze aufrufen müssen, um neue Informationen mit bereits bestehenden verknüpfen zu können, und zu eigenen Lösungen der Aufgabe zu gelangen. Es hat sich dabei als methodisch sinnvoll erwiesen, die Überlegungen schriftlich notieren zu lassen, da dies zu gedanklicher Strenge zwingt und ein Abschweifen verringert. Zudem kann sich die Lehrkraft in dieser Phase einzelnen Schüler*innen zuwenden und Fehlerquellen schneller erkennen (vgl. Brüning/Saum 2011: 6).

Um eine erneute Auseinandersetzung mit dem Lerngegenstand anzuregen und ein Sich-Zurückziehen einzelner Lernender im fragendentwickelnden Unterrichtsgespräch zu vermeiden, folgt die Phase des Austauschs (erste Ko-Konstruktion) als der „eigentlich fruchtbare Moment im Lernprozess“ (ebd.): Durch das Mitteilen der Ergebnisse in Partner-/Kleingruppen aus der Phase der Einzelarbeit werden die Schüler*innen zum einen in die Lage versetzt, ihre eigenen Gedanken verbalisieren zu müssen und erhalten zum anderen Rückmeldung der Mitschüler*innen zu ihren Ergebnissen. Der Vergleich mit dem Verständnis des Lerngegenstandes der anderen, vorgenommene Ergänzungen und die Beantwortung von Rückfragen verhelfen zu einer erneuten Beschäftigung mit der Problemstellung, geben Sicherheit und fördern soziale Kompetenzen. „Lernen ist immer auch ein sozialer Prozess: Der Erwerb von Wissen erfolgt vor allem durch die Interaktion mit anderen“ (ebd.). Bedeutsam ist die Übernahme individueller Verantwortung durch die Schüler*innen. Wer in arbeitsteiligen Gruppen nach der Phase der Einzelarbeit keine Arbeitsergebnisse, Vermutungen oder Fragen vorzeigen kann, ist nicht in der Lage, seinen Teil zum Gesamtergebnis beizutragen. Diese positive Abhängigkeit zueinander wirkt motivierend und aktivierend, das Selbstwertgefühl der Schüler*innen wird gestärkt, wenn sie die Erfahrung machen, dass sie in der Gruppe und für das Gruppenergebnis gebraucht werden (vgl. Brüning/Saum 2007: 14). Gleichzeitig gilt es für die Unterrichtenden, an dieser Stelle vor allem hinsichtlich Lerntempo und Aufgabenkomplexität zu differenzieren, um eine Passung im Anforderungsniveau zu schaffen.

In der zweiten Ko-Konstruktionsphase des Vorstellens in der Klasse findet ein lernpsychologisch ähnlicher Vorgang wie im Austausch innerhalb der Partner- bzw. Kleingruppen in der vorangegangenen Phase statt: Im Anschluss an die Verbalisierung der Ergebnisse in der Klasse werden Übereinstimmungen und Unterschiede thematisiert. Dabei sollte die Präsentation des Gruppenergebnisses prinzipiell durch jedes Gruppenmitglied erfolgen können, wodurch eine höhere Aktivierung und Verbindlichkeit generiert wird. Bei widersprüchlichen oder unvollständigen Ergebnissen kann der Lernprozess in Form einer Lernschleife an die Lernenden zurückgegeben werden, indem sie sich zunächst wieder in

Einzelarbeit, anschließend in Kleingruppen mit der vertiefenden Aufgabe beschäftigen (vgl. Brüning/Saum 2009: 53) und den selbständigen Umgang mit Problemen erfahren.

Eine abschließende Zusammenfassung der Kernaspekte (nicht Wiederholung!) sowie deren Einordnung in den Zusammenhang des Unterrichtsprozesses durch den/die Lehrer*in sind unverzichtbar. Dadurch entsteht die Gewähr, dass sich keine Fehler in den Unterrichtsinhalten eingeschlichen haben, die Arbeit der Lernenden wird gewürdigt (vgl. ebd.) und individuelle vorhandene Wissensstrukturen werden erweitert.

Routine schaffen

Die Einführung kooperativer Lernmethoden erfordert Zeit und Geduld. Es geht vor allem darum, stufenweise Routinen zu entwickeln, bekannte Lernarrangements umzustellen und die eigene Lehrerrolle dahingehend neu zu überdenken, die Lernenden zum selbstregulierten Lernen anzuleiten und die unterstützende Rahmung zu setzen (vgl. Brüning/Saum 2007: 14). Das Konzept des kooperativen Lernens kann dann einen erheblichen Beitrag zu einem aktiveren und wirksameren Unterricht leisten. Folgende Beispiele illustrieren den Einsatz im Fachunterricht Politische Bildung:

Die strukturierte Kontroverse

1. Die zuvor erarbeitete *Streitfrage* wird formuliert: *„Sollte die Videoüberwachung auf öffentlichen Plätzen zum Schutz der Bevölkerung ausgebaut werden?"*
2. Vierergruppen werden in zwei Paare geteilt. Das eine Paar hat die Aufgabe möglichst viele Pro-, das andere Paar soll möglichst viele Kontraargumente zu finden (ungeachtet ihrer persönlichen Position). Zunächst arbeiten alle Schüler*innen in *Einzelarbeit* für die Position, die ihrer Seite zugeteilt wurde. (DENKEN)
3. Anschließend stellen sich die Partner*innen, die dieselbe Position vertreten, gegenseitig ihre Argumente vor und erarbeiten eine *gemeinsame Argumentation*. (AUSTAUSCHEN)
4. Die Paare stellen sich gegenseitig ihre Positionen vor, das jeweils zuhörende Paar macht sich Notizen und hat Gelegenheit, Verständnisfragen zu stellen. (VORSTELLEN)
5. Die Paare *diskutieren die Streitfrage*. Dabei dürfen sie aber nur die Position vertreten, die sie vertreten sollen!
6. Die Paare wechseln die Seiten, es wird nach der erneuten Phase der Einzelarbeit die *jeweils andere Position* vertreten. (THINK – PAIR – SHARE)

7. Anschließend kann die Gruppe *frei über das Problem diskutieren.*
8. Abschließend stellen alle Gruppenmitglieder ihre *persönliche Position* vor, ohne von den anderen unterbrochen zu werden. Einigung auf eine Position ist nicht das Ziel!
9. Metaebene: Reflexion über Erfahrungen mit der *Methode.*

(eigene Darstellung)

Placemat-Verfahren

Die Lernenden setzen sich in Dreier- oder Vierergruppen zusammen und erhalten einen Bogen, den sie derart aufteilen, dass jede Person ein eigenes Feld vor sich hat. In der Mitte bleibt ein Feld für Gruppenergebnisse frei.

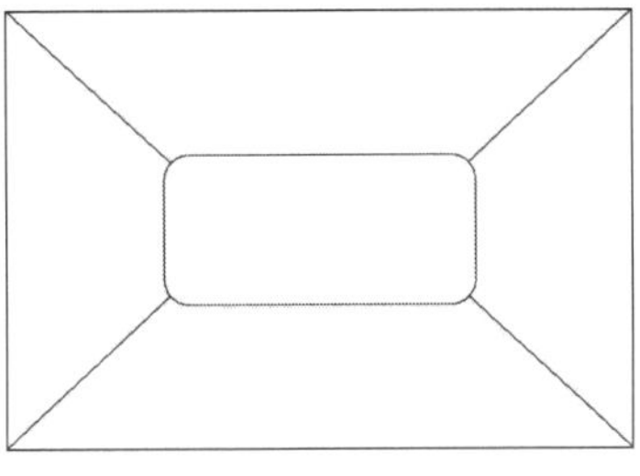

1. DENKEN: In der ersten Phase notieren die Schüler*innen ihre Gedanken, Ergebnisse und Fragen zur Leitfrage *„Was bedeutet Demokratie"* in ihr Feld.
2. AUSTAUSCHEN: In der zweiten Phase sollen die individuellen Ergebnisse verglichen und ausgetauscht werden. Dazu wird der Bogen im Uhrzeigersinn gedreht, sodass alle Gruppenmitglieder am Ende die anderen Ergebnisse gesehen und nachvollzogen haben. Zunächst ohne zu sprechen können die Ergebnisse der anderen schriftlich bestätigt, ergänzt, kommentiert werden. Anschließend kommen die Schüler*innen ins Gespräch, um so ein gemeinsames Gruppenergebnis zu entwickeln. Dieses Ergebnis wird in das zentrale Feld in der Mitte eingetragen.
3. VORSTELLEN: Die Gruppen stellen ihre Gruppenergebnisse in der Klasse vor. Dazu können sie auf die Aufzeichnungen im Mittelfeld des Bogens zurückgreifen.

(angelehnt an Brüning/Saum (2009: 25)

4.2 Zur Rolle von Medien

Medien als
1. Unterrichtsgegenstand
2. Informationsträger
3. Anschauungsmittel
4. Repräsentant politischer Realität

Im Fachunterricht sind Medien – neben den Methoden – ein weiteres didaktisches Entscheidungsfeld. Ihre Besonderheit liegt darin, dass sie einerseits Gegenstand des Unterrichts, anderseits Informationsträger, Anschauungsmittel und vor allem „Repräsentanten von lebensweltlichen und/oder politischen Realsituationen" (Ackermann et al. 2015: 129) sind. Für den Fachunterricht sind Medien auf unterschiedliche Weise relevant: Zum einen gibt es die klassischen oder traditionellen Unterrichtsmedien, wie bspw. didaktisch vorstrukturierte Schulbücher und Lernmaterialien, zum anderen werden aber auch Sachmedien, wie Zeitungsartikel, Filme, Internetseite oder auch Apps, im Unterricht eingebracht, ohne, dass diese meist eigens für den Unterricht entwickelt worden sind (vgl. Autorengruppe Fachdidaktik 2017: 155 ff.). Für die Lehrperson und für die Schüler*innen können Medien Lernmittel und Lernhilfen sein, die die Begegnung mit Politik ermöglichen. Bei der Auswahl von Medien für den Unterricht sind diese didaktische Leitfragen hilfreich:

Gegenstand:

- Repräsentiert das Medium das Politische ausreichend, z.B. die Dimensionen des Politischen oder Zonen des Politischen?
- Entspricht die Vielfalt der medialen Repräsentation des Gegenstandes im Unterricht der Vielfalt der medialen Repräsentation des Gegenstandes in der Gesellschaft?
- Schlägt das Medium eine Brücke zur Lebens- und Erfahrungswelt der Schüler*innen? Werden Interessen und Wahrnehmungsgewohnheiten der Schüler*innen berücksichtigt? Welche Vor- und Nachbereitung muss getroffen werden, damit die Schüler*innen Inhalte, Ziele und Formen der Mediendarstellung verstehen und bearbeiten können? (Schüler*innenorientierung)
- Wie verfährt das Medium bei der Auswahl und Zusammenstellung der Informationen in Sprache und Bild?

Inhalte:

- Welche konkreten Inhalte präsentiert das Medium und mit welcher Absicht?
- Können mithilfe des Mediums/der Medien verallgemeinerbare Erkenntnisse gewonnen werden? (exemplarisches Lernen)

- Wird der Problemgehalt der repräsentierten Fragestellung im Medium deutlich? (Problemorientierung)
- Ist die Darstellung der Inhalte im Medium fachlich angemessen? (Wissenschaftsorientierung)

Lern- und Unterrichtsprozess:

- Wird im Medium eine kontroverse Auseinandersetzung mit dem Gegenstand angestoßen? (Kontroversität)
- Ermöglicht das Medium einen aktiv-handelnden Umgang mit Sachverhalten, Problemen und Fragestellungen? (Handlungsorientierung)
- Wie kann sich das Medium auf Interaktion, Kommunikation, Kooperation und Lernverhalten auswirken?

Ziele/Kompetenzen:

- Dient das Medium eher zur Analyse oder zur Beurteilung von Politik?
- Sind Aufgaben- und Problemstellungen enthalten, die die politische Urteilsfähigkeit fördern?
- Können Handlungsfähigkeiten trainiert werden?
- Wird die Förderung methodischer Fähigkeiten unterstützt?

(vgl. Autorengruppe Fachdidaktik 2017: 162; vgl. Ackermann et al. 2015: 130 f.)

Prüfen Sie ein Schulbuchkapitel oder Arbeitsblätter, die verfügbar sind, auf die didaktischen Leitfragen zur Medienauswahl. Schätzen Sie die Eignung für eine (fiktive) Unterrichtsplanung ein und überlegen Sie, was ggf. geändert werden müsste.

....

....

....

....

....

Reflexion des Medieneinsatzes

Gerade in der politischen Bildung ist es wichtig, den Medieneinsatz zu reflektieren und nicht auf seine vermeintlichen Motivationsaspekte für die Lernenden zu reduzieren. Beim Einsatz von Medien im Fachunterricht „müssen Kontext, Begriffe, Bedeutung und der Bezug zum original

Erfahrbaren mitvermittelt werden" (Hilligen 1985: 126). Medien repräsentieren zwar politische Realität, sie tun dies aber bereits gefiltert. Diese Filterwirkung muss auch im Unterricht mitreflektiert werden und Medien müssen daraufhin analysiert werden, auf welche Wirklichkeitsebene sie sich beziehen. Ackermann et al. unterscheiden vier Ebenen:

- *Dokumentenwirklichkeit:* Ein Vorgang mit seinen mündlichen und schriftlichen Spuren, z.B. Reden, Diskussionsbeiträge, Protokolle, Anträge, Flugblätter.
- *Medienwirklichkeit:* Gesellschaftlich-politische Öffentlichkeit als hergestellte Öffentlichkeit, z.B. Meldungen von Nachrichtendiensten, Leserbriefe und Kommentare, Fernsehbilder.
- *Reflexionswirklichkeit:* Zusammenfassende (Abschluss-)Berichte, wissenschaftliche Studien.
- *Didaktische Wirklichkeit:* Schulbücher und andere intentionale Unterrichtsmaterialien.

(vgl. Ackermann et al. 2015: 132)

Auf allen Ebenen repräsentieren Medien einen bereits interpretierten Ausschnitt der Wirklichkeit. Im Unterricht ist deshalb auf einen möglichst vielseitigen Medieneinsatz zu achten, der die vier Ebenen miteinander verbindet. Bedeutsam ist, dass Schüler*innen erkennen können, dass „Objektivität die Kenntnisnahme mehrerer medialer Informationen aus mehreren Quellen und auf mehreren Ebenen erfordert sowie die Frage nach Herkunft und Interessen derjenigen, die die Medien produzieren, verlangen" (ebd.: 133). Eine solche ideologiekritische Herangehensweise an Medien kann vor allem durch die eigene Medienproduktion im Unterricht selbst erfolgen.

Suchen Sie zu einem aktuellen Thema je einen Artikel aus zwei verschiedenen Zeitungen oder Websites (z. B. SPIEGEL Online und FAZ oder taz und Süddeutsche). Welche Unterschiede fallen Ihnen auf? Welche Folgen kann das für die Planung von Unterricht haben?

....

....

....

....

....

4.2.1 Traditionelle und digitale Medien

Traditionelle Medien

Dem Fachunterricht steht ein breites Repertoire an Lernmedien zur Verfügung. Zu den traditionellen bzw. klassischen Medien zählen bspw. Schulbücher, Themenhefte von Bildungsverlagen oder der Bundeszentrale für politische Bildung und den entsprechenden Landeszentralen, Schriftdokumente (Reden, Flugblätter usw.), Pressetexte und -fotos, aber auch Bild- und Tondokumente (Fernsehaufnahmen, Radiobeiträge, Karikaturen, Karten, Comics) (Ackermann et al. 2015: 129). Die für den Unterricht aufbereiteten Medien zeichnen sich durch ihre didaktische Vorstrukturierung in Form von kommentierenden Texten und Arbeitsaufgaben aus. Dabei sind auch solche ‚geprüften' Medien wie Schulbücher nicht immer unproblematisch (dazu die Schulbuchstudie Integration und Migration) und ideal einsetzbar für jede Art von Lerngruppen. Auch sie sind zu prüfen und ggf. zu modifizieren oder zu ergänzen. Als Medium zur Visualisierung dominiert traditionell die Wandtafel (als Kreidetafel oder zunehmend auch als Whiteboard oder digitales Smartboard) sowie durch die Dokumentenkamera, die Wandzeitung oder den Flipchart ergänzt (vgl. Sander 2013: 223).

Digitale Medien

In Abgrenzung zu den traditionellen Medien wird von ‚neuen' Medien gesprochen. Gemeint sind damit digitale Medien. Es sind vor allem zwei Merkmale, die im Kontext digitaler Medien relevant sind: (1) Medienintegration, d.h. die Grenzen zwischen verschiedenen Medien verschwimmen und es kommt zu einer Vernetzung der Medienumwelt: Zeitungen publizieren im Internet, verweisen auf weitere Links; oder ein Video wird mit einer digitalen Kamera gedreht, am Computer bearbeitet und am Fernseher gezeigt. (2) Interaktivität, d.h. die Generierung verschiedener Formen aktiver Auswahl-, Rückmelde- und Handlungsmöglichkeiten innerhalb einer digital entstehenden Umwelt, die die One-Way-Kommunikation ablöst bzw. relativiert. Für die Planung von Unterricht sind vor allem drei Aspekte relevant:

- *Digitale Medien als Instrumente zur politischen Information und Kommunikation:* Insbesondere das Internet als Medium für Recherche, Kommunikation und Kooperation erweitert die Informationsmöglichkeiten. Hinzu kommen Kommunikationsformen wie E-Mail, Foren oder digitale Bildproduktionen.
- *Digitale Medienprodukte als Ergebnis von Lernprozessen:* Lernergebnisse von Unterricht können auf sehr vielfältige Weise leichter dokumentiert und veröffentlicht werden (z.B. PowerPoint-Präsentatio-

nen, Podcasts, Blogs), und stärken dadurch auch den Handlungsbezug politischer Bildung.

- *Digitale Medien als interaktive Lernumgebungen:* Zu solchen neuen Formen von Lernumgebungen, in den Lernende selbstständig oder in Kooperation mit anderen tätig werden können, zählen bspw. interaktive Lernsoftware, offene Online-Kurse (MOOCs) und Online-Konferenzen.

(vgl. Sander 2013: 224 f.)

Neben den genannten Bereichen werden aber auch völlig neue Fragen im Kontext von informationeller Selbstbestimmung, Demokratie und Digitalisierung, Datenschutz, -sicherheit und -archivierung relevant, die auch im Unterricht kritisch besprochen werden müssen (vgl. Sander 2017).

4.2.2 Beispiele zum Medieneinsatz

Zum Medieneinsatz im Unterricht liegen zahlreiche gut aufbereitete Übersichtsdarstellungen mit Hinweisen zur Unterrichtsgestaltung vor (vgl. dazu bspw. Besand/Sander 2010; vgl. Flor 2016; vgl. Pandel/Schneider 1999). Aufgrund der Vielfalt von Medien, die sich im Fachunterricht nutzen lassen, werden im Folgenden exemplarisch nur einige wenige Medien und deren Einsatzmöglichkeiten skizziert (vgl. Autorengruppe Fachdidaktik 2017: 163 f.)

Bewegtbilder

- *Bewegtbildbeiträge:* Filme, Videoclips oder Erklärstücke (z. B. *Explain Brain*) können einen textentlastenden Zugang zu komplexen Unterrichtsthemen einleitend eröffnen. Auf YouTube finden sich etwa auf den Kanälen der BpB oder von *explainity* kurze Erklärvideos zu zentralen politischen und ökonomischen Begriffen.

Comics

- *Comics:* Insbesondere im Genre der Graphic Novels werden oftmals politische und gesellschaftliche Fragestellungen auf anschauliche Weise verarbeitet (zum Thema Migration und Flucht: ‚Der Traum von Olympia: Die Geschichte von Samia Yusuf Olmar' 2017, von Reinhard Kleist). Gerade Comics können im Vergleich zu Karikaturen barrierefreier rezipiert werden, da sie meist keine hohe politische Sachkenntnis voraussetzen.

Schulbücher

- *Schulbücher:* Neben dem Einsatz von Schulbüchern kann es im Kontext von Medienkritik gerade auch darum gehen, Schulbücher mit Schüler*innen im Unterricht selbst einer kritischen medien- bzw. Schulbuchanalyse zu unterziehen (bspw. Rößler 2017).

- *Soziale Medien wie Facebook:* Soziale Medien eigen sich dazu, interessierten Schüler*innen auch über den Unterricht hinaus weiterführende Lektüreempfehlungen oder andere Vertiefungsangebote zu geben oder auch als Gegenstände des Unterrichts selbst. Sie eigenen sich allerdings nicht dazu, Noten zu kommunizieren oder auf anstehende Tests und Klausuren vorzubereiten.

Soziale Medien

- *Zeitungen:* Die digitale Rezeption von Zeitungen geht mitunter einher, dass Algorithmen bestimmen, welche Artikel den Nutzer*innen zuerst angeboten werden. Gerade für die politische Orientierungsfähigkeit ist von erheblicher Bedeutung diese Prozesse auch im Unterricht zu analysieren und damit Lernenden zugänglich zu machen.

Zeitungen

Übungsaufgaben

4.1) Benennen Sie die Aufgaben von Unterrichtsmethoden und grenzen Sie Makro- von Mikromethoden ab. Nennen Sie jeweils ein Beispiel.

4.2) Digitale Medien nehmen im Fachunterricht verschiedene Rollen ein. Nennen und erläutern Sie diese Aspekte kurz. Sammeln Sie für eine der drei Aspekte Ideen, wie Sie diese in der Unterrichtsplanung ein- und umsetzen würden.

5. Das Planungsskript

Planungsskript herunterladen:

Das folgende Planungsskript wurde von Wolfgang Sander (2013, S. 242 f.) übernommen und durch weitere Aspekte der Unterrichtsplanung erweitert. Es bietet sich für den alltäglichen Gebrauch an, da es zentrale didaktische und methodische Kompetenzen der in Fragen der Unterrichtsplanung übersetzt. Gerade das schriftliche Notieren von wesentlichen Planungsaspekten unterstützt die gedankliche Klärung und kann auch zu einem späteren Zeitpunkt immer wieder genutzt werden.

I. Unterrichtseinheit

I. Die Unterrichtseinheit
Wie lautet das genaue Thema? (These oder Frage)
Welche Tiefenschichten des Politischen werden mit diesem Thema angesprochen?[1]
Oberfläche:
Mittel- und langfristige Probleme:
Kernbereich (Basiskonzepte):
Ziele: Welche Kompetenzen sollen die Schüler*innen in dieser Einheit verbessern oder neu erwerben? (Die unter Bezugnahme auf das Kerncurriculum und/oder die GPJE-Bildungsstandards ausgewählten Kompetenzen müssen inhaltsspezifisch operationalisiert werden.)
im Bereich der politischen Urteilsfähigkeit:
im Bereich der politischen Analysefähigkeit *(fakultativ, wird in fachdidaktischen Konzepten und Curricula z. T. als eigenständiger Kompetenzbereich ausgewiesen):*
im Bereich der politischen Handlungsfähigkeit:
im Bereich der methodischen Fähigkeiten:

Eine Unterrichtseinheit kann in mehrere thematische Sequenzen unterteilt werden:

II. Unterrichtssequenzen

II. Die Unterrichtssequenzen (In welchen größeren Schritten gehe ich vor?)							
	Thematischer Schwerpunkt & Lernaufgaben	Grundsituationen des Lernens (& Sozialform)	Methoden	Medien	Möglichkeiten der Differenzierung	Lernort	Zeitbedarf, ca.
1	...	...	...	...	...	...	...
2	...	...	...	...	...	...	...

Unterrichtsequenzen wiederum lassen sich in Sinnabschnitte, z.B. Unterrichtsstunden, unterteilen. Jede Unterrichtsstunde sollte einige wenige kompetenzorientierte Lernziele verfolgen, die sich aus dem jeweiligen Curriculum ableiten lassen. Dazu kann bspw. ein methodisches Lernziel in Verbindung mit Analysefähigkeit ausgewiesen werden, in dem Schüler*innen den Umgang mit Bildquellen z.B. im Kontext visueller politischer Kommunikation erlernen. Auch die Planung einer Unterrichtsstunde erfolgt häufig vom Gegenstand aus. Man überlegt sich dazu eine didaktisch inspirierte Themenformulierung und wählt passende Materialien und Medien aus. Aber auch andere Zugänge sind denkbar: Zum Beispiel möchte man mit einer Lerngruppe eine politische Rede analysieren, da dies bisher zu kurz gekommen ist. Oder man möchte eine Lerngruppe in kooperatives Lernen einführen und plant die Stunde(n) so, dass ein qualitativer Lernzuwachs im Kontext der Methode ermöglicht wird.

III. Die Unterrichtsstunde (In welchen Einzelschritten gehe ich vor?)				
Thema der Unterrichtsstunde[2] (thematischer Schwerpunkt in Form einer Frage oder These):				
Funktion innerhalb der Unterrichtseinheit[2] (Welche Funktion erfüllt die Stunde im Kontext der Unterrichtseinheit bzw. -sequenz?):				
Zielperspektiven/Kompetenzbereich politischer Bildung[2]				
Phasen[3] & Zeitbedarf	Inhaltliche und methodische Arbeitsschritte	Grundsituationen des Lernens & Sozialform	Möglichkeiten der Differenzierung	Medien & Materialien
…	…	…	…	…

IV. Abschluss & V. Reflexion der Unterrichtseinheit

IV. Abschluss der Unterrichtseinheit – Formen der Evaluation
Welche Formen der Auswertung des Lernvorhabens mit den Schüler*innen sehe ich vor?
Welche Formen der Leistungsbewertung sehe ich vor?
V. Reflexion der Unterrichtseinheit (nach Abschluss ausfüllen)
Was ist gut, was weniger gut gelungen?
Was würde ich bei einer Wiederholung dieses Lernvorhabens anders machen?

Abb. 5.1: Planungsskript in Anlehnung an Sander (2013: 242 f.), erweitert durch Susann Gessner und Philipp Klingler

[1] Ergänzung: Hier wird sich auf die Zonen des Politischen von Wolfgang Sander bezogen. Alternativ können Sie an dieser Stelle die Dimensionen des Politischen oder den Politikzyklus Ihrer Planung zugrunde legen (Kap. 1.5).

[2] Im Folgenden finden Sie exemplarisch ein Stundenthema sowie die Funktion der Stunde bzw. die Zielperspektiven der einzelnen Stunde aus einem Stundenentwurf zum Themenbereich ‚Parlamentarische Demokratie und politisches System' für eine hessische Klasse der Sekundarstufe I (Stockhausen 2019):

Beispiel für Stundenthema und Kompetenzoperationalisierung

> **Stundenthema:** Die demokratische Partizipationsmöglichkeit „Wählen gehen" auf Landesebene untersuchen: Inwiefern könnte eine Absenkung des Wahlalters zu Chancen und Problemen führen?
>
> **Funktion der Stunde** im Kontext der Unterrichtseinheit: Indem die Schülerinnen und Schüler in kooperativer Kleingruppenarbeit sowohl induktiv als auch mittels differenzierter Materialien Argumente für und gegen die Herabsetzung des Wahlalters auf 16 Jahre bei Landtagswahlen erarbeiten, erweitern sie ihre Analysekompetenz.

Zielperspektiven/Kompetenzbereiche politischer Bildung mit Bezug auf das Curriculum:

(a) Urteilskompetenz (Anbahnung): Die Schüler*innen …

… können zu einem aktuellen politischen Konflikt aus verschiedenen Blickwinkeln Zusammenhänge, Argumente und Lösungsmöglichkeiten beurteilen und sich für eine Lösungsmöglichkeit begründet entscheiden.

Operationalisierung: Die Schüler*innen …

… schreiben in ihrem Brief an die […] Direktkandidatin: „Liebe Frau […], in der Debatte um die Absenkung des Wahlalters spricht einerseits … dafür/allerdings ist andererseits zu beachten, dass … Ich spreche mich für … aus, weil …"

(b) Handlungskompetenz (Anbahnung): Die Schüler*innen …

… können eigene Positionen zu politischen Lösungsmöglichkeiten formulieren und vor anderen begründet vertreten.

Operationalisierung: Die Schüler*innen …

… tragen den an die Direktkandidatin formulierten Brief im Klassenplenum vor, in dem sie ihre persönliche Position begründet darlegen und in der Anschlusskommunikation vertreten.

[3] Einstieg, Erarbeitung, (Ab-)Schluss oder auch Schritte einer Makromethode z.B. einer Problemstudie, Fall- oder Konfliktanalyse

Glossar

Basiskonzepte: Basiskonzepte definieren, auf welche Vorstellungsbereiche sich politisches (Fach-)Wissen in einem grundlegenden Sinn bezieht (Kern eines Faches).

Beutelsbacher Konsens: Informelle Übereinkunft in der Politikdidaktik, die im Jahr 1977 das Resultat einer Tagung war. Im Zentrum stehen das Überwältigungsverbot, das Kontroversitätsgebot (à) und das Gebot der Schüler*innenorientierung.

Bildungsstandards: Bildungsstandards definieren konkret und kompetenzbezogen, was Schüler*innen am Ende einer bestimmten Jahrgangsstufe wissen und können sollen. Bildungsstandards dienen der Steuerung und dem Vergleich des deutschen Bildungssystems.

Curriculum: Curricula (manchmal auch Lehrpläne genannt) dienen dazu, Lernprozesse zu strukturieren und zu steuern. Curricula werden von den Bundesländern verabschiedet und ggf. durch schulinterne Curricula konkretisiert. Sie sind auch Ausgangspunkt für die Gestaltung von Schulbüchern, indem sie Bildungs- und Erziehungsziele sowie Kompetenzen und Lerninhalte festlegen.

Didaktische Prinzipien: Modalitäten didaktischen Denkens, die es ermöglichen, Ausschnitte aus der komplexen Vielfalt des Politischen zu bilden und in Lerngegenstände politischer Bildung zu transformieren.

Empirische Forschung: Empirische Forschung wendet wissenschaftliche Methoden an, um zu Erkenntnissen über die Realität zu gelangen. Dafür werden systematisch Daten erhoben, analysiert und interpretiert.

Exemplarisches Lernen: An einem konkreten (politischen) Fall sollen über das Einzelbeispiel heraus verallgemeinerbare Erkenntnisse über politische Prozesse, Akteure, Probleme etc. gewonnen werden. Der Fall wird also exemplarisch für allgemeine Probleme herangezogen.

Handlungsfähigkeit: Fähigkeit mündiger Bürgerinnen und Bürger, ihre Position zu vertreten, Konflikte zu lösen sowie in sozialen Bewegungen, Parteien etc. ihre Interessen versuchen durchzusetzen. Sie setzt sich aus kommunikativen Elementen – etwa artikulieren und argumentieren – und partizipativen Elementen – etwa in politischen Parteien – zusammen.

Kompetenz: Kompetenzen befähigen Individuen, Probleme in verschiedenen Situationen eigenständig und verantwortungsvoll zu lösen. Sie sind verfügbare oder erlernbare kognitive Fähigkeiten in Kombination mit entsprechenden motivationalen, volitionalen und sozialen Bereitschaften. Die politische Bildung operationalisiert diesen allgemeinen Kompetenzbegriff in methodische Fähigkeiten (à), politische Urteilsfähigkeit (à) und Handlungsfähigkeit (à) in Verbindung mit konzeptuellem Deutungswissen (à).

Kompetenzorientierung: Nach den Ergebnissen der PISA-Untersuchung 2001 orientierte sich die deutsche Bildungslandschaft an Bildungsstandards (à), die Regelstandards für Kompetenzen von Schüler*innen am Ende von bestimmten Jahrgangsstufen formulierten. Der Unterricht nimmt heute eine kompetenzorientierte Perspektive ein und denkt ‚vom Ende her'. Damit verbunden ist das Stichwort der Outcome-Steuerung.

Konfliktorientierung: Die Konfliktorientierung wählt Unterrichtsinhalte danach aus, ob sie in kontroverser Form politische Konflikte offenbaren.

Kontroversitätsgebot: Das zweite Gebot des Beutelsbacher Konsenses (à) besagt, dass Lehrer*innen Kontroversen aus Gesellschaft und Wissenschaft in ihren Unterricht einbringen sollen, die es zu einem spezifischen Thema gibt. Damit soll u.a. die Überwältigung (à) von Schüler*innen durch eine einseitige Vermittlung von Positionen verhindert werden.

Konzeptuelles Deutungswissen: Konzeptuelles Deutungswissen ist kein Faktenwissen oder unvernetztes Wissen, sondern sieht Wissen als zentral für das Verstehen und Deuten von politischen, ökonomischen und sozialen Situationen an. Dabei steht das Wissen nicht additiv nebeneinander, sondern wird konzeptuell vernetzt gedacht. Eine wichtige Annahme ist, dass alle Schüler*innen schon über ein solches Deutungswissen verfügen, das durch den Fachunterricht modifiziert oder erweitert werden soll.

Lernaufgaben: Lernaufgaben stellen formulierte Anforderungssituationen für den Unterricht dar und sollen das selbstständige Lernen bei den Schüler*innen aktivieren.

Medien, traditionelle: Schulbücher, Druckerzeugnisse wie Zeitungen, veröffentlichte Reden, Flugblätter oder Pressetexte gehören neben Bildern (Karikaturen, Comics etc.) sowie Ton- und Videoaufnahmen (Fernseh- und Radiobeiträge etc.) zu den ‚klassischen Medien'.

Medien, digitale: Digitale Medien zeichnen sich durch die Integration ‚klassischer Medienformate' in digitalen Umgebungen (bspw. Online-Publikationen von Zeitungen) und der Interaktivität zwischen den Produzentinnen und Produzenten und den Konsumentinnen und Konsumenten aus. Digitale Medien dienen zum einen der politischen Information und Kommunikation (z.B. über soziale Netzwerke), können zum anderen aber auch das Produkt von Schüler*innen sein (z.B. als Blog). Des Weiteren stellen sie dem Unterricht neue – interaktive – Lernumgebungen (wie bspw. MOOCs) zur Verwendung offen.

Methodische Fähigkeiten: Kompetenz, die die Schüler*innen fächerübergreifend zur selbstständigen Beschaffung, Beurteilung und Selektion von (neuem) Wissen ermächtigt. Dazu zählen bspw. Textsortenkompetenz, Selbstorganisation, Planungskompetenz etc.

Makromethoden: Makromethoden verknüpfen didaktische Prinzipien (à) mit bestimmten Methoden. Sie sind leitend für die gesamte Unterrichtseinheit (à).

Mikromethoden: Mikromethoden gestalten einzelne Lernsituationen in Unterrichtsstunden.

Operatoren: Im Bildungswesen versteht man unter Operatoren Verben, die in unterrichtlichen Aufgabenstellungen (sowie in Prüfungssituationen) angeben, welche Handlungen (denkend, schriftsprachlich) Schüler*innen in einem ausgewählten Anforderungsbereich auszuführen haben. Meist gibt es drei gestufte Anforderungsbereiche, die ein unterschiedliches Ausmaß von Eigenleistung des Schülers/der Schülerin verlangen.

Portfolio: Portfolios stellen eine alternative schriftliche Leistungskontrolle dar und ermöglichen das selbstständige und selbstreflexive Bearbeiten von Aufgaben durch die Schüler*innen. Die Bearbeitung erstreckt sich über einen längeren Zeitraum. Portfolios können unterschiedliche Dokumente enthalten. Portfolios können zur Dokumentation und Reflektion des eigenen Lernprozesses und/oder zur Leistungsbewertung herangezogen werden.

Problemorientierung: Im Zentrum des Unterrichts steht ein Problem, das hinsichtlich seines politischen Gehalts und der politischen Lösungsmöglichkeiten untersucht wird.

Scaffolding (engl. Baugerüst): Unter *Scaffolding* wird die Sprachvermittlung im Fachunterricht verstanden, wobei die Fachinhalte nach wie vor im Vordergrund stehen. Durch das Vorgeben sprachlicher Gerüste kann weniger kompetenten Sprecher*innen geholfen werden, etwas sprachlich auszudrücken, was allein noch nicht bewältigt werden kann.

Unterrichtseinheit: Unterrichtseinheiten haben ein Thema zum Gegenstand. Unterrichtseinheiten umfassen mehrere Unterrichtssequenzen und -stunden.

Unterrichtsphasen: Unterrichtseinheiten (und -stunden) bestehen in der Regel aus den drei Phasen *Beginn*, *Erarbeitung* und *Schluss*. Beim Beginn wird der Einstieg in eine Unterrichtsstunde oder -einheit geplant, indem Interesse und Betroffenheit sowie Klarheit und Transparenz über den Ablauf hergestellt werden. Die Hauptphase der Erarbeitung lässt sich in mehrere Arbeitsphasen gliedern. Entscheidend für die Planung dieser Phase sind ihre Schlüssigkeit und Transparenz in Bezug auf die Lernziele und die Anforderungen des Themas. Die Erarbeitung erfolgt nicht nur entlang einer inhaltlichen Gliederung, sondern auch nach jeweiligen (Teil-)Aufgaben mit jeweils unterschiedlichen Methoden und Medien. In der Schlussphase geht es um die Sicherung und Festigung des Gelernten sowie eine rückblickende Evaluation. Diese Phase kann bspw. auch mit einer Leistungsüberprüfung beendet werden.

Unterrichtssequenz: Eine Unterrichtssequenz bildet eine thematische Einheit innerhalb einer Unterrichtseinheit. Eine Unterrichtssequenz kann mit einer Unterrichtsstunde identisch sein aber auch mehrere umfassen. Innerhalb von Sequenzen kann die Aneignung der Inhalte und Kompetenzen präziser und (methoden-) differenzierter geplant und gestaltet werden.

Urteilskompetenz: Kompetenz, politische, gesellschaftliche und wirtschaftliche Probleme, Ereignisse oder Kontroversen unter Einbezug von (Fach-)Wissen zu analysieren, zu reflektieren und beurteilen zu können. Während Sachurteile analytisch Situationen anhand von Tatsachen beurteilen, liegen Werturteilen normative Maßstäbe zugrunde.

Literaturverzeichnis

Achour, Sabine (2020): Sprachbildung. In: Achour, Sabine/Frech, Siegfried/Massing, Peter/Straßner, Veit (Hrsg.): Methodentraining für den Politikunterricht. Frankfurt/M.: Wochenschau Verlag, S. 39–40.

Achour, Sabine/Jordan, Annemarie (2017): Formulieren politischer Urteile – professionell wahrnehmen & kompetent fördern. In: Massing, Peter/Achour, Sabine (Hrsg.): Individuelle Förderung. Wochenschau Sonderausgabe, S. 16–23.

Achour, Sabine/Sieberkrob, Matthias (2015): Sprachbildung im Politikunterricht. In: Achour, Sabine (Hrsg.): Heterogenität. Wochenschau Sonderausgabe, S. 24–37.

Achour, Sabine/Frech, Siegfried/Massing, Peter/Straßner, Veit (2020a) (Hrsg.): Methodentraining für den Politikunterricht. Frankfurt/M.: Wochenschau Verlag.

Achour, Sabine/Frech, Siegfried/Massing, Peter/Straßner, Veit (2020b): Phasen des Politikunterrichts. In: Achour, Sabine/Frech, Siegfried/Massing, Peter/Straßner, Veit (Hrsg.): Methodentraining für den Politikunterricht. Frankfurt/M.: Wochenschau Verlag, S. 43–49.

Ackermann, Paul/Breit, Gotthard/Cremer, Will/Massing, Peter/Weinbrenner, Peter (2015): Politikdidaktik kurzgefasst. 13 Planungsfragen für den Politikunterricht. 4. Aufl., Schwalbach/Ts.: Wochenschau Verlag.

Aebli, Hans (2011): Zwölf Grundsituationen des Lehrens. 14. Aufl. Stuttgart: Klett Cotta.

Autorengruppe Fachdidaktik (2017): Was ist gute politische Bildung? Leitfaden für den sozialwissenschaftlichen Unterricht. 2. Aufl. Schwalbach/Ts.: Wochenschau Verlag.

Besand, Anja (2014): Monitor politische Bildung an beruflichen Schulen. Probleme und Perspektiven. Bonn: Bundeszentrale für politische Bildung.

Besand, Anja/Sander, Wolfgang (Hrsg.) (2010): Handbuch Medien in der politischen Bildung. Schwalbach/Ts.: Wochenschau Verlag.

Birke, Franziska/Lutter, Andreas (2014): Herausforderungen fachdidaktischer Diagnostik in der ökonomischen und politischen Bildung. In: Unterricht Wirtschaft + Politik. H. 2, S. 2–7.

Blömeke, Sigrid/Risse, Jana/Müller, Christiane/Eichler, Dana/Schulz, Wolfgang (2006): Analyse der Qualität von Aufgaben aus didaktischer und fachlicher Sicht. Ein allgemeines Modell und seine exemplarische Umsetzung im Unterrichtsfach Mathematik. In: Unterrichtswissenschaft, Jg. 34, H. 4, S. 330–357.

Böhret, Carl/Kronenwett, Eva/Jann, Werner (1979): Innenpolitik und politische Theorie. Opladen: Westdeutscher Verlag.

Breit, Gotthard/Weißeno, Georg (2012): Planung des Politikunterrichts. Eine Einführung. 4. Aufl., Schwalbach/Ts.: Wochenschau Verlag.

Busch, Matthias (2009): Anleitungen zur Unterrichtsplanung in sozialwissenschaftlichen Fächern. Bereichsrezension aktueller fachdidaktischer Planungskonzepte. In: Journal of Social Science Education, Jg. 8, H. 2, S. 124–145.

Brüning, Ludger/Saum, Tobias (2007): Mit Kooperativem Lernen erfolgreich unterrichten. In: Pädagogik 4/2007. Weinheim: Beltz Verlag. S. 10–15.

Brüning, Ludger/Saum, Tobias (2009): Erfolgreich unterrichten durch Kooperatives Lernen. Strategien zur Schüleraktivierung. Essen: Neue Deutsche Schule Verlagsgesellschaft.

Brüning, Ludger/Saum, Tobias (2011): Schüleraktivierendes Lehren und Kooperatives Lernen –ein Gesamtkonzept für guten Unterricht. In: GEW NRW (Hrsg.): Frischer Wind in den Köpfen (Sonderdruck). Bochum. S. 5–13.

Cummins, Jim (1981): The role of primary language in promoting educational success for language minority students. In: Evaluation, Dissemination and Assessment Center California State University (Hrsg.): Schooling and language minority students: A theoretical framework. Los Angeles: California State University, S. 16–62.

Cummins, Jim (2000): BIC and CALP. In: Byram, Michael (Hrsg.): Routledge Encyclopedia of Language Teaching and Learning. London: Routledge, S. 76–79.

Dehnbostel, Peter/Heursen, Gerd/Sattler, Gerd (1985): Gemeinsame Probleme der allgemeinbildenden Fächer in berufsbildenden Schulen. In: Dehnbostel, Peter/Heursen, Gerd/Sattler, Gerd (Hrsg.): Bildung und Beruf. Zur Stellung der allgemeinbildenden Fächer in berufsbildenden Schulen. Königstein/Ts.: Hain bei Athenäum, S. 1–30.

Deichmann, Carl (2009): Leistungsbeurteilung im Politikunterricht. Schwalbach/Ts.: Wochenschau Verlag.

Detjen, Joachim (2007): Politische Bildung. Geschichte und Gegenwart in Deutschland. München: Oldenbourg.

Detjen, Joachim (2013): Was heißt politische Urteilskompetenz und wie kann sie gefördert werden? In: Frech, Siegfried/Richter, Dagmar (Hrsg.): Politische Kompetenzen fördern. Schwalbach/Ts.: Wochenschau Verlag, S. 78–89.

Dietz, Andreas (2004): Gibt es das Recht auf Umweltverschmutzung? In: Gesellschaft – Wirtschaft – Politik, H. 1, S. 95–104.

Flor, Henrik (2016): Politikunterricht in der Mediengesellschaft. In: Massing, Peter/Achour, Sabine (Hrsg.): Politikunterricht. Wochenschau Sonderausgabe, S. 66–70.

Frech, Siegfried (2020a): Grundlegende Methoden der Einstiegsphase. In: Achour, Sabine/Frech, Siegfried/Massing, Peter/Straßner, Veit (Hrsg.): Methodentraining für den Politikunterricht. Frankfurt/M.: Wochenschau Verlag, S. 53–72.

Frech, Siegfried (2020b): Sozialformen. In: Achour, Sabine/Frech, Siegfried/Massing, Peter/Straßner, Veit (Hrsg.): Methodentraining für den Politikunterricht. Frankfurt/M.: Wochenschau Verlag, S. 256–277.

Frech, Siegfried/Richter, Dagmar (2015): Einführung: Politikunterricht professionell planen. In: Frech, Siegfried/Richter, Dagmar (Hrsg.): Politikunterricht professionell planen. Schwalbach/Ts.: Wochenschau Verlag, S. 8–17.

Gagel, Walter (2000): Einführung in die Didaktik des politischen Unterrichts. Opladen: Leske + Budrich.

Gautschi, Peter (2000): Geschichte lehren. Lernwege und Lernsituationen für Jugendliche. Lernsituationen zum Anfangen. 2., erweiterte Aufl. Bern: Schulbuchverlag plus.

Gessner, Susann (2014): Politikunterricht als Möglichkeitsraum. Perspektiven auf schulische politische Bildung von Jugendlichen mit Migrationshintergrund. Schwalbach/Ts.: Wochenschau Verlag.

Gibbons, Pauline (2002): Scaffolding Language, Scaffolding Learning. Teaching Second Language Learners in the Mainstream Classroom. Portsmouth: Heinemann.

Gonschorek, Gernot/Schneider, Susanne (2010): Einführung in die Schulpädagogik und die Unterrichtsplanung. 7., überarbeitete und aktualisierte Aufl., Donauwörth: Auer.

GPJE (2004): Nationale Bildungsstandards für den Fachunterricht in der Politischen Bildung an Schulen. Ein Entwurf. Schwalbach/Ts.: Wochenschau Verlag. Online verfügbar unter http://gpje.de/wp-content/uploads/2017/01/Bildungsstandards-1.pdf [30.10.2018].

Gudjons, Herbert (2006): Methodik zum Anfassen. Unterrichten jenseits von Routinen. Unterrichtseinstiege. 2. aktualisierte Aufl. Bad Heibrunn: Klinkhardt, S. 43–58.

Gudjons, Herbert/Winkel, Rainer (2011): Didaktische Theorien. 13. Aufl. Hamburg: Bergmann + Helbig.

Gugel, Günther (2006): Methoden-Manual „Neues Lernen“. Tausend Vorschläge für die Schulpraxis. Weinheim: Beltz.

Grammes, Tilman (2014): Kontroversität. In: Sander, Wolfgang (Hrsg.): Handbuch Politische Bildung. 4., völlig überarbeite Aufl. Bonn: Bundeszentrale für politische Bildung, S. 266–274.

Hankele, Madeleine (2015): Methoden im Politikunterricht. Beispiele für die Praxis. In: Politik & Wirtschaft, Jg. 41, H. 1/2. Online verfügbar unter http://www.politikundunterricht.de/1_2_15/methoden.pdf [31.03.2020].

Harth, Thilo (2010): Politisches Lernen und berufliche Lernfelder. In: kursiv – Journal für Politische Bildung. Fachlichkeit und Interdisziplinarität in der politischen Bildung. H. 1, S. 52–61.

Hedtke, Reinhold (2005): Gemeinsam und unterschieden. Zum Problem der Integration von politischer und ökonomischer Bildung. In: Kahsnitz, Dietmar (Hrsg.): Integration von politischer und ökonomischer Bildung? Wiesbaden: VS Verlag für Sozialwissenschaften, S. 19–74.

Henkenborg, Peter (2012): Politische Urteilsfähigkeit als politische Kompetenz in der Demokratie – der Dreiklang von Analysieren, Urteilen und Handeln. In: Zeitschrift für Didaktik der Gesellschaftswissenschaften, Jg. 3, H. 2. S. 28–50.

Henkenborg, Peter (2014a): Qualitätskriterien: Was heißt Kompetenzorientierung in der politischen Bildung? In: Henkenborg, Peter/Mambour, Gerrit/Winckler, Marie (Hrsg.): Kompetenzorientiert Politik unterrichten. Planung, Durchführung und Analyse einer Unterrichtseinheit zum Thema Krieg und Frieden. Schwalbach/Ts.: Wochenschau Verlag, S. 29–42.

Henkenborg, Peter (2014b): Lernen auf Kompetenzen beziehen. In: Henkenborg, Peter/Mambour, Gerrit/Winckler, Marie (Hrsg.): Kompetenzorientiert Politik unterrichten. Planung, Durchführung und Analyse einer Unterrichtseinheit zum Thema Krieg und Frieden. Schwalbach/Ts.: Wochenschau Verlag, S. 61–69.

Hilligen, Wolfgang (1985): Zur Didaktik des politischen Unterrichts. 4. Aufl., Opladen: Leske.

Jank, Werner/Meyer, Hilbert (2014): Didaktische Modelle. 11. Aufl., Berlin: Cornelsen Scriptor.

Jansen, Bernd (1997): Konzepte zur Sachanalyse und Unterrichtsplanung. Schwalbach/Ts.: Wochenschau Verlag.

Juchler, Ingo (2014): Wissenschaftsorientierung. In: Sander, Wolfgang (Hrsg.): Handbuch Politische Bildung. 4., völlig überarbeite Aufl. Bonn: Bundeszentrale für politische Bildung, S. 284–292.

Jung, Eberhard (2005): Politikunterricht an berufsbildenden Schulen. In: Sander, Wolfgang (Hrsg.): Handbuch Politische Bildung. Bonn: Bundeszentrale für politische Bildung, S. 221–240.

Jung, Eberhard (2014): Politischer Unterricht an berufsbildenden Schulen in Deutschland. In: Wucherer, Otto (Hrsg.): Politische Bildung an berufsbildenden Schulen. Deutschland-Österreich-Schweiz. Schwalbach/Ts.: Wochenschau Verlag, S. 9–34.

Kenner, Martin (2014): Empirische Studien zum politischen Unterricht an beruflichen Schulen. In: Wucherer, Otto (Hrsg.): Politische Bildung an berufsbildenden Schulen. Deutschland-Österreich-Schweiz. Schwalbach/Ts.: Wochenschau Verlag, S. 35–54.

Klafki, Wolfgang (1964). Didaktische Analyse als Kern der Unterrichtsvorbereitung. In Roth, Heinrich/Blumenthal, Alfred (Hrsg.): Didaktische Analyse. Hannover: Schroedel, S. 5–34.

Klieme, Eckhard (2010): Wie viel Inhalt darf es denn sein. In: Bildung bewegt, H. 9, S. 8–11.

KMK (2004): Standards für die Lehrerbildung: Bildungswissenschaften. Beschluss der Kultusministerkonferenz vom 16.12.2004. Online verfügbar unter https://www.kmk.org/fileadmin/veroeffentlichungen_beschluesse/2004/2004_12_16-Standards-Lehrerbildung.pdf [30.03.2020].

KMK (2005): Einheitliche Prüfungsanforderungen in der Abiturprüfung Sozialkunde/Politik. Beschluss der Kultusministerkonferenz vom 1.12.1989 i.d.F. vom 17.11.2005. Online verfügbar unter: https://www.kmk.org/fileadmin/veroeffentlichungen_beschluesse/1989/1989_12_01-EPA-Sozialk-Politik.pdf [15.02.2020]

KMK (2007): Handreichung für die Erarbeitung von Rahmenlehrplänen der Kultusministerkonferenz für den berufsbezogenen Unterricht in der Berufsschule und ihre Abstimmung mit Ausbildungsordnungen des Bundes für anerkannte Ausbildungsberufe. Online verfügbar unter https://www.kmk.org/fileadmin/veroeffentlichungen_beschluesse/2007/2007_09_01-Handreich-Rlpl-Berufsschule.pdf [30.03.2020].

Kniffka, Gabriele (2012): Scaffolding – Möglichkeiten, im Fachunterricht sprachliche Kompetenzen zu vermitteln. In: Michalak, Magdalena/Kuchenreuther, Michaela (Hrsg.): Grundlagen der Sprachdidaktik Deutsch als Zweitsprache. Baltmannsweiler: Schneider Verlag Hohengehren, S. 208–225.

Mandl, Heinz/Krause, Ulrike-Marie (2001): Lernkompetenz für die Wissensgesellschaft. München. Online verfügbar unter https://epub.ub.uni-muenchen.de/253/1/FB_145.pdf [30.03.2020].

Massing, Peter (2013): Wie kann die politische Handlungsfähigkeit der Lernenden gefördert werden? In: Frech, Siegfried/Richter, Dagmar (Hrsg.): Politische Kompetenzen fördern. Schwalbach/Ts.: Wochenschau Verlag, S. 60–77.

Massing, Peter (2016): Was heißt ‚guter' Politikunterricht? In: Massing, Peter/Achour, Sabine (Hrsg.): Politikunterricht. Wochenschau Sonderausgabe, S. 4–9.

Massing, Peter/Skuhr, Werner (1993): Die Sachanalyse – Schlüssel zur Planung für den Politikunterricht. In: Gegenwartskunde, Jg. 42, H. 2, S. 241–275.

Mattes, Wolfgang (2006): Routiniert planen – effizient unterrichten. Ein Ratgeber. Paderborn: Schöningh.

May, Michael (2010): Planung kompetenzorientierten Politikunterrichts. Auswirkungen eines aktuellen Paradigmas auf sozialwissenschaftliche Bildungsprozesse. In: In: Debus, Bernward/Massing, Peter Massing (Hrsg.): Kompetenzen im Politikunterricht. Wochenschau Sonderausgabe, S. 74–87.

Mayntz, Renate (2009): Sozialwissenschaftliches Erklären. Probleme der Theoriebildung und Methodologie. Frankfurt/M.: Campus.

Meyer, Hilbert (2015): Leitfaden Unterrichtsvorbereitung; 8. Aufl., Berlin: Cornelsen Scriptor.

Meyer, Hilbert (2016a): Praxisbuch: Was ist guter Unterricht? 11. Aufl., Berlin: Cornelsen Scriptor.

Meyer, Hilbert (2016b): Unterrichtsmethoden I: Theorieband; 16. Aufl., Berlin: Cornelsen Scriptor.

Meyer, Hilbert (2017): Unterrichtsmethoden II: Praxisband. 15. Aufl. Berlin: Cornelsen Scriptor.

Meyer, Thomas (2012): Was ist Politik? 4. Aufl., Wiesbaden: Springer VS.

Ministerium für Schule und Weiterbildung des Landes Nordrhein-Westfalen (2014): Kernlehrplan für die Sekundarstufe II: Gymnasium/Gesamtschule in Nordrhein-Westfalen. Sozialwissenschaften und Sozialwissenschaften/Wirtschaft. Online verfügbar unter https://www.schulentwicklung.nrw.de/lehrplaene/upload/klp_SII/sw/KLP_GOSt_SoWi.pdf [19.03.2020].

Negt, Oskar (2010): Der politische Mensch. Demokratie als Lebensform. Göttingen: Steidl.

Oswalt, Vadim (2016): Planung von Unterrichtseinheiten. Wie man Geschichte (an)ordnen kann. Schwalbach/Ts.: Wochenschau Verlag.

Pandel, Jürgen/Schneider, Gerhard (1999) (Hrsg.): Handbuch Medien im Geschichtsunterricht. Schwalbach/Ts.: Wochenschau Verlag.

Petrik, Andreas (2014): Adressatenorientierung. In: Sander, Wolfgang (Hrsg.): Handbuch Politische Bildung. 4., völlig überarbeite Aufl. Bonn: Bundeszentrale für politische Bildung, S. 241–248.

Reich, Kerstin (2012): Methodenpool. Online verfügbar unter http://methodenpool.uni-koeln.de/uebersicht.html [15.03.2020].

Reinhardt, Sibylle (2011): Fachdidaktische Prinzipien als Brücken zwischen Gegenstand und Methode: Unterrichtsplanung. In: Autorengruppe Fachdidaktik (Hrsg.): Konzepte der politischen Bildung. Eine Streitschrift. Schwalbach/Ts.: Wochenschau Verlag, S. 147–162.

Reinhardt, Sibylle (2014): Handlungsorientierung. In: Sander, Wolfgang (Hrsg.): Handbuch Politische Bildung. 4., völlig überarbeite Aufl. Bonn: Bundeszentrale für politische Bildung, S. 275–283.

Reinhardt, Sibylle (2018): Politikdidaktik. Praxishandbuch für die Sekundarstufe I und II. 7. Aufl., Berlin: Cornelsen Scriptor.

Rößler, Sven (2017): Mündigkeit als Erfahrung von Nicht-Identität. Der Projekttag „Bin ich das im Schulbuch?“. In: Müller-Mathis, Stefan/Wohnig, Alexander (Hrsg.): Wie Schulbücher Rollen formen. Konstruktionen der ungleichen Partizipation in Schulbüchern. Schwalbach/Ts.: Wochenschau Verlag, S. 159–179.

Roth, Heinrich (1976): Die Kunst der rechten Vorbereitung. In: Roth, Heinrich (Hrsg.): Pädagogische Psychologie des Lehrens und Lernens. Hannover: Schroedel, S. 119–128.

Sander, Wolfgang (1996): Beruf und Politik. Von der Nützlichkeit politischer Bildung. Schwalbach/Ts.: Wochenschau Verlag.

Sander, Wolfgang (2010a): Wissens im kompetenzorientierten Unterricht – Konzepte, Basiskonzepte, Kontroversen in den gesellschaftswissenschaftlichen Fächern. In: Zeitschrift für Didaktik der Gesellschaftswissenschaften, Jg. 1, H. 1, S. 42–66.

Sander, Wolfgang (2010b): Basiskonzepte in der politischen Bildung. Grundlagen und Konsequenzen für den Unterricht. In: Debus, Bernward/Massing, Peter Massing (Hrsg.): Kompetenzen im Politikunterricht. Wochenschau Sonderausgabe, S. 34–43.

Sander, Wolfgang (2013): Politik entdecken – Freiheit leben. Didaktische Grundlagen politischer Bildung. 4. Aufl. Schwalbach/Ts.: Wochenschau Verlag.

Sander, Wolfgang (2017): Von der Medienkompetenz zur Medienkritik? Plädoyer für eine Neuorientierung im Umgang mit digitalen Medien in der politischen Bildung. In: Gloe, Markus/Oeftering, Tonio (Hrsg.): Perspektiven auf Politikunterricht heute. Vom sozialwissenschaftlichen Sachunterricht bis zur Politiklehrerausbildung. Baden-Baden: Nomos, S. 129–148.

Schelten, Andreas (2010): Einführung in die Berufspädagogik. 4. überarbeitete und aktualisierte Aufl. Stuttgart: Franz Steiner Verlag.

Scheunpflug, Annette (2001): Biologische Grundlagen des Lernens. Berlin: Cornelsen Scirptor.

Schmenk, Holger/Veh, Markus (2019): Leitfaden Praktikum im Fach Geschichte. Frankfurt/M.: Wochenschau Verlag.

Scholz, Lothar (2003): Spielerisch Politik lernen. Methoden des Kompetenzerwerbs im Politik- und Sachunterricht. Schwalbach/Ts.: Wochenschau Verlag.

Scholz, Lothar (2018): Methoden-Kiste. 8 Aufl. Bonn: Bundeszentrale für politische Bildung. Online verfügbar unter http://www.bpb.de/shop/lernen/thema-im-unterricht/36913/methoden-kiste [20.02.2020].

Sieberkrob, Matthias/Chmiel, Cornelia (2017): Sprachbildung im Politikunterricht. In: Massing, Peter/Achour, Sabine (Hrsg.): Individuelle Förderung. Wochen-schau Sonderausgabe, S. 24–34.

Stockhausen, Jette (2019): Parlamentarische Demokratie und politisches System. Unterrichtsentwurf im Fach Politik und Wirtschaft. Unveröffentlichter Unterrichtsentwurf.

Straßner, Veit (2017): Leistungsüberprüfung und -bewertung im Politikunterricht. In: In: Massing, Peter/Achour, Sabine (Hrsg.): Individuelle Förderung. Wochenschau Sonderausgabe, S. 52–61.

Thormann, Sabine/Wittig, Mareike (2014): Konfliktanalyse „Weltweit einheitliche Sicherheitsstandards für Atomkraftwerke?“ In: Gesellschaft – Wirtschaft – Politik, H. 3, S. 435–445.

Wehling, Hans-Georg (1977): Konsens à la Beutelsbach? Nachlese zu einem Expertengespräch. In: Schiele, Siegfried/Schneider, Herbert (Hrsg.): Das Konsensproblem in der politischen Bildung. Stuttgart: Ernst Klett, S. 173–184.

Weinbrenner, Peter (1987a): Berufsarbeit und politische Bildung. In: Bundeszentrale für politische Bildung (Hrsg.): Politische Bildung an Berufsschulen. Bonn: Bundeszentrale für politische Bildung, S. 11–38.

Weinbrenner, Peter (1987b): Prinzipien und Elemente einer zukunftsorientierten, arbeits- und berufsbezogenen politischen Didaktik. In: Weinbrenner, Peter (Hrsg.): Zur Theorie und Praxis der politischen Bildung an beruflichen Schulen. Ergebnisse der Hochschultage Berufliche Bildung '86. Alsbach: Leuchtturm Verlag, S. 1–30.

Weinert, Franz E. (2014): Vergleichende Leistungsmessung in Schulen – eine umstrittene Selbstverständlichkeit. In: Weinert, Franz E. (Hrsg.): Leistungsmessungen in Schulen. 3., aktualisierte Aufl. Weinheim: Beltz, S. 17–23.

Widmaier, Benedikt/Zorn, Peter (Hrsg.) (2016): Brauchen wir den Beutelsbacher Konsens? Eine Debatte der politischen Bildung. Bonn: Bundeszentrale für politische Bildung.

Wiater, Werner (2011): Unterrichtsplanung. Donauwörth: Auer.

Zedler, Reingard (2007): Politische Bildung in der dualen Berufsausbildung. In: Aus Politik und Zeitgeschichte, H. 32–33, S. 34–38.

Zurstrassen, Bettina (Hrsg.) (2011): Was passiert im Klassenzimmer? Methoden zur Evaluation, Diagnostik und Erforschung des sozialwissenschaftlichen Unterrichts. Schwalbach/Ts.: Wochenschau Verlag.

Zurstrassen, Bettina (2013): Mündigkeit auch im Beruf: Zum Verhältnis von politischer und beruflicher Bildung. In: Hufer, Klaus-Peter (Hrsg.): Wissen und Können. Wege zum professionellen Handeln in der politischen Bildung. Schwalbach/Ts.: Wochenschau Verlag, S. 197–200.